ULRIKE GÖTZ-BERG

KALTE PLATTEN, SNACKS & FINGERFOOD

MATTHAES VERLAG GMBH

VORWORT

Schon von Anfang an war es mir besonders wichtig, ein Buch zu schreiben, das sowohl versierten Fachfrauen und -männern neue Anregungen und Impulse geben kann, aber auch als Hilfestellung für Quereinsteiger oder interessierte „Hobbygastgeber" unverzichtbar ist.
Aus diesem Grunde beinhaltet es sowohl technisch anspruchsvolle Platten als auch relativ einfach zu gestaltende Arbeiten.

Der Grundsatz der Wirtschaftlichkeit aber zieht sich durch das gesamte Buch. So wurde konsequent auf zeitaufwändige Garnituren, aber auch auf allzu exotische oder schwer erhältliche Zutaten verzichtet. Vielmehr ist es mir ein Anliegen, aus einfachen Grundmaterialien professionelle und hochwertige Arbeiten zu erschaffen. Darüber hinaus erhebt dieses Buch auf keinen Fall den Anspruch, Wettbewerbsarbeiten zu zeigen, sondern ist ausschließlich am Bedarf des Kunden bzw. des Gastes orientiert. Vielfach wurde Bewährtes mit modernen Einflüssen verknüpft und weiterentwickelt. Ein fantasievoller Umgang mit Lebensmitteln, die weitgehend in ihrer Ausgangsform bleiben sollten, ist die Herausforderung dieses Buches. Für gutes Gelingen ist ein ausdauerndes Üben jedoch unumgänglich – professionelles Plattenlegen will gelernt sein, um Routine und damit wirtschaftlichen Erfolg zu erzielen. Durch meine tägliche Arbeit als Lehrerin angehender Fleischereifachverkäuferinnen an einer Berufsschule ist es mir außerdem ein dringendes Anliegen, junge Nachwuchskräfte zu motivieren und zu fördern.
Deshalb wurde ihnen in diesem Buch die Möglichkeit gegeben, ihr Können unter Beweis zu stellen. Für die engagierte Mitarbeit möchte ich mich an dieser Stelle herzlich bedanken.

Die Entstehung dieses Werkes war mit vielerlei Unterstützungen verbunden. Ein herzlicher Dank gilt Herrn Härpfer, der als Schulleiter der Peter-Bruckmann-Schule Heilbronn die Räumlichkeiten für die Fotoproduktion zur Verfügung stellte. Außerdem dem Fotografenteam Waldecker für die gelungenen Aufnahmen. Herrn Göldner von der Firma Batania, sowie den Firmen Rosenthal, Kahla und Steelite sei für die großzügige Bereitstellung von Platten und Geschirr ebenfalls gedankt. Ein besonderes Dankeschön gilt schließlich Bruni Thiemeyer und Julia Bauer vom Matthaes Verlag Stuttgart, deren engagiertes Arbeiten überhaupt erst zur Entstehung dieses Buches geführt hat.
Für die vielfachen Hilfeleistungen meiner Familie während der gesamten Produktionszeit bin ich zutiefst dankbar.

Ich wünsche Ihnen viel Spaß und vor allem gutes Gelingen
bei der Gestaltung Ihrer kalten Platten und Snacks.

Ihre
Ulrike Götz-Berg

GRUNDSÄTZLICHES,
BEVOR SIE LOSLEGEN

Plattenlegen ist keine statische Kunst, jedoch kommen professionelle Arbeiten auch nicht
ganz ohne Regeln aus. Deshalb ist es sinnvoll, einige Überlegungen zu berücksichtigen, um gute
Resultate zu erzielen:

Die Präsentation der meisten Platten erfolgt hochkant. Aus diesem Grund positioniert man die zu
gestaltende Platte möglichst aufrecht vor sich auf dem Arbeitsplatz, um einen besseren Überblick
zu erhalten. Wählen Sie immer eine Plattengröße, die der Materialmenge entspricht – dies erfordert
etwas Übung, ist aber mit ein paar Legetricks einfach zu bewerkstelligen. Teilen Sie Ihr Werkstück
am besten mithilfe von Achsen in Felder ein und arbeiten sich Feld für Feld voran. Exakt gegenüberliegende Felder wirken gekonnt und klar gegliedert. Selbstverständlich gibt es Platten, die auch
ohne Achseneinteilung belegt werden können. Dies trifft jedoch meist nur auf runde Platten oder
spezielle Sonderformen wie beispielsweise tropfenförmige Platten zu.
Entscheiden Sie bereits zu Beginn der Arbeit, wo Sie die Garnitur platzieren möchten und sparen
Sie den benötigten Platz dafür aus.

Sortieren Sie den Belag zunächst nach Scheibengröße und beginnen mit den größten Scheiben.
Des Weiteren sollten Sie durch farbliche Kontraste Abwechslung schaffen, d. h. dunkle und
hellere Wurstsorten abwechselnd auflegen. Farbliche Abstimmungen bewirken Ausgewogenheit
und Harmonie. Die verschiedenen Belagsorten lassen oft mehrere Legetechniken zu.
Deshalb sollten Sie möglichst geeignete Techniken wählen, um den zur Verfügung stehenden
Raum optimal zu nutzen.

Achten Sie darauf, die Platten grundsätzlich nie bis zum Rand oder gar darüber hinaus zu belegen.
Lassen Sie immer einen kleinen Abstand von 1 bis 3 Zentimetern zum Plattenrand.
Berücksichtigen Sie, dass die Abstände von Scheibe zu Scheibe und von Reihe zu Reihe möglichst
exakt eingehalten werden sollten.
Vermeiden Sie es zudem, die Platte zu drehen, wenn Sie an dieser arbeiten. Das mag anfänglich
schwierig erscheinen, hat aber genaueres Arbeiten zur Folge, denn Drehungen bewirken häufig,
dass der Überblick über die gesamte Platte verloren geht. Dies führt letztendlich dazu, dass
die Abstände ungenau werden und die Garnitur oft nicht mehr da platziert werden kann, wo
sie ursprünglich geplant war. Diese Zufälligkeit wirkt meist unprofessionell.

Wählen Sie Garniermaterialien, die sowohl geschmacklich als auch farblich mit dem Belag der
Platte harmonieren. Grundsätzlich sollten süße und herzhafte Zutaten innerhalb einer Garnitur
nicht gemischt werden. Verwendete Hilfsmaterialien wie z. B. Holzspießchen zur Befestigung von
Traubenbouquets etc. sollten nicht sichtbar sein.

Bei aller Experimentierfreude,
die beim Plattenlegen durchaus
erwünscht ist, muss jedoch unbedingt
beachtet werden, dass alle Garniermaterialien grundsätzlich essbar sein müssen.
Dies gilt vor allem bei der Auswahl von Blüten und
Blättern, denn nicht alle hübschen Blüten sind zum Verzehr geeignet!

Verpacken Sie Ihre Kunstwerke abschließend so, dass diese einen Transport oder eine eventuelle
Aufbewahrungszeit gut überstehen. Dies gelingt am besten, indem sie zunächst mit Frischhaltefolie
und schließlich mit Alufolie abgedeckt werden. Achten Sie dabei aber darauf, dass keine Luftlöcher
entstehen, die den Belag austrocknen lassen würden.

Diese Werkzeuge sind hauptsächlich Arbeitsutensilien, die
zur Herstellung von Garnituren zum Einsatz kommen.

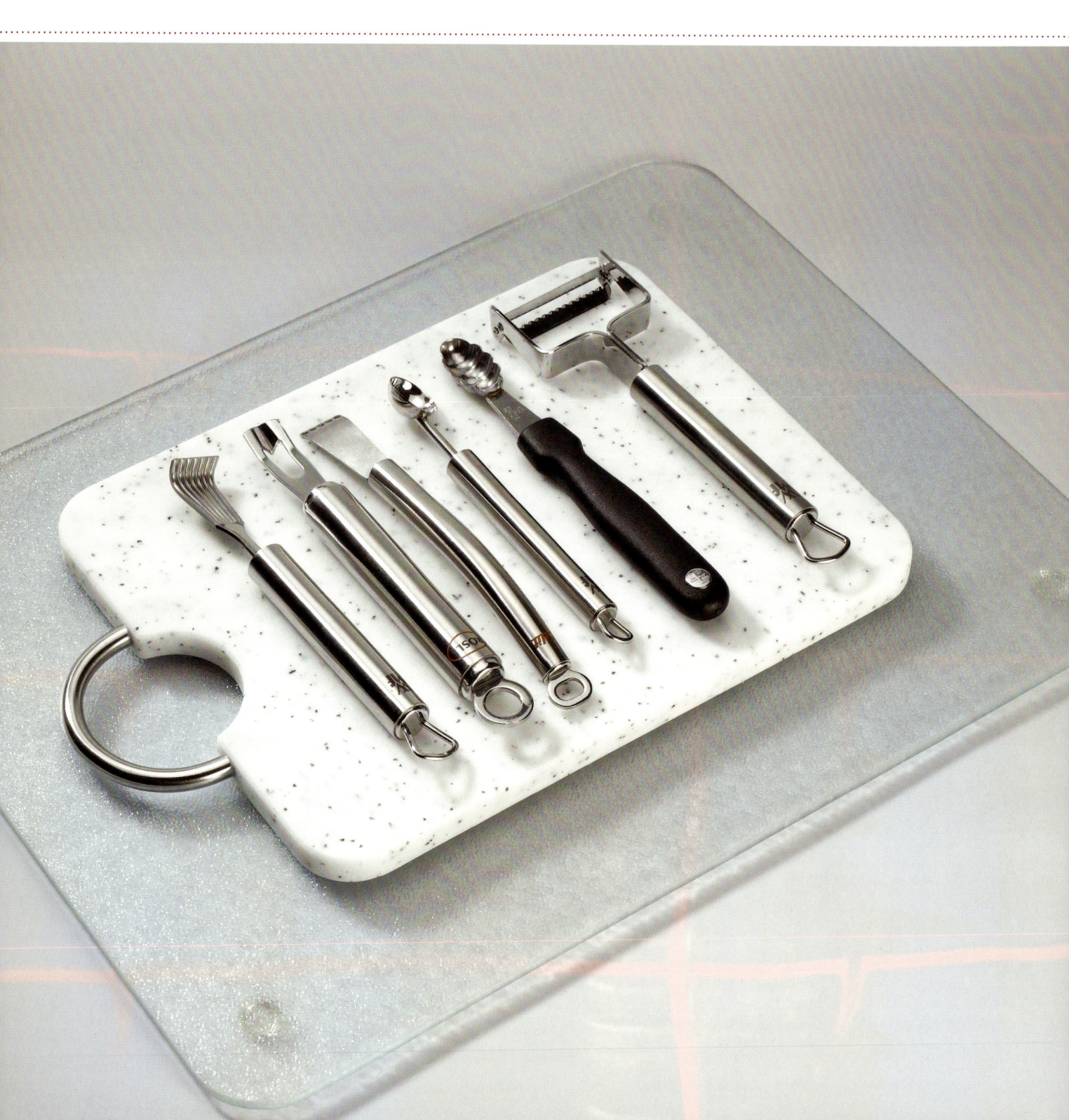

ARBEITSWERKZEUGE

(VON LINKS NACH RECHTS)

RÖLLCHENZIEHER
Zur Herstellung kleiner Röllchen aus weichen
Materialen z. B. Butter.

KANNELIERMESSER oder RIEFENSCHNEIDER
Es wird benötigt für das Verzieren von Früchten
und Gemüse durch das Einschneiden gestreckter Rillen.

ZESTENZIEHER
Mithilfe dieses Werkzeuges ist es möglich, feine Fäden
aus z. B. Zitronen- oder Orangenschalen zu ziehen.

AUSBOHRER oder MELONENKUGLER
Früchte- und Gemüsekugeln, die mit diesem
Bohrer hergestellt werden, können für viele Garnituren
eingesetzt werden.

OVALER GEMÜSEBOHRER
Speziell für blanchiertes Gemüse oder auch Butter.
Die mit diesem Hilfsmittel hergestellten Formen
wirken äußert dekorativ und finden
häufig auf feinen Schnittchen Anwendung.

JULIENNESCHNEIDER
Ähnlich dem Zestenzieher werden mit diesem
Werkzeug feine Fäden, vorwiegend aus Früchten,
geschnitten. Durch die breitere Auflage und
die schärfere Klinge lassen sich jedoch auch zahlreiche
Gemüsesorten wie z. B. Zucchini bearbeiten.

ARBEITSWERKZEUGE

(VON LINKS NACH RECHTS)

FLEISCHMESSER

Das Fleischmesser kommt beim Portionieren
und Durchschneiden größerer Fleisch- oder
Schinkenstücke zum Einsatz. Die große, glatte Klinge
ermöglicht einen sauberen und klaren Schnitt.

KLEINES KÄSEMESSER

mit gelochter Klinge, zum Portionieren
kleinerer Käsestücke.

OFFICE- oder GARNIERMESSER

wird für das Schneiden und Zurichten von diversen
Obst- und Gemüsesorten benötigt.

SPARSCHÄLER

Dieses Werkzeug ist für wirtschaftliches
Arbeiten unverzichtbar.

SCHERE

für das exakte Zuschneiden z. B. von
Garnituren für Kanapees.

EIERSCHNEIDER

Der Einsatz dieses Schneiders ermöglicht das
exakte Schneiden gleichmäßiger Eierscheiben.

Diese Schneide- bzw. Schälwerkzeuge sind die am häufigsten benötigten Arbeitsutensilien bei der Herstellung von kalten Platten.

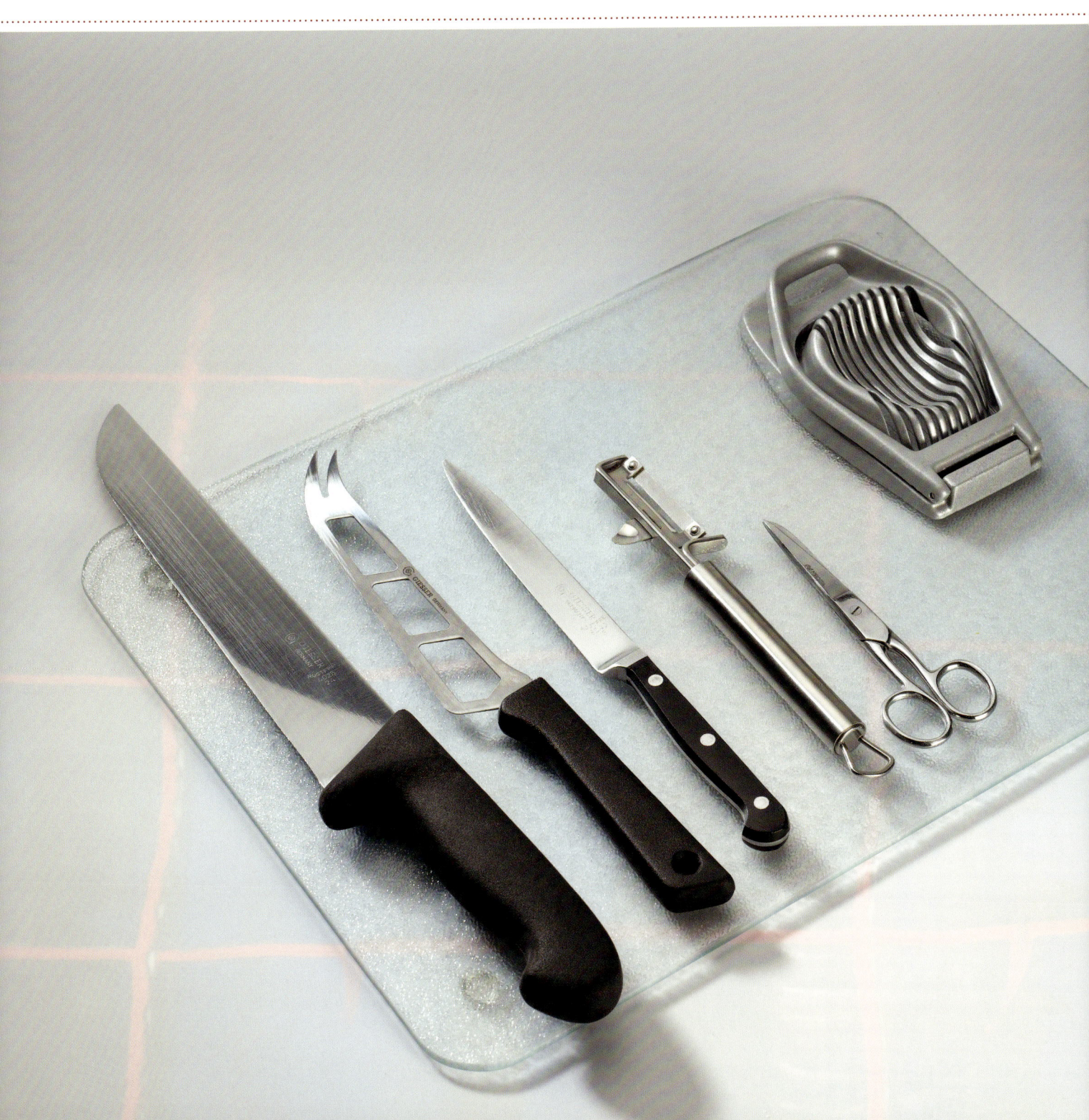

*Speziell bei der Anschaffung von Ausstechformen lohnt es sich, etwas tiefer
in den Geldbeutel zu greifen und die teureren Edelstahlausführungen
zu kaufen, im Gegensatz zu den erhältlichen Weißblechförmchen bleiben
Edelstahlformen rostfrei und meist auch formbeständiger.*

Arbeitswerkzeuge

(VON LINKS NACH RECHTS)

RADIESCHENSCHNEIDER
Ein nützliches Arbeitswerkzeug, um
schnell Radieschenröschen herzustellen.

EISKUGELPORTIONIERER
um gleichmäßige Kugeln aus festeren Massen
(z.B. Schmalzkugeln) herzustellen.

AUSSTECHFORMEN
aus Edelstahl und Kunststoff, die Förmchen
kommen hauptsächlich für Verzierungen von
Kanapees zum Einsatz.

ARBEITSWERKZEUGE

SPRITZBEUTEL

und Spritztüllen werden benötigt, um Cremes
möglichst filigran in Förmchen zu dressieren oder
Massen z. B. für Desserts zu verzieren.

Speziell bei der Herstellung von Kanapees oder
belegten Schnittchen haben diese Arbeitsutensilien
einen großen Einsatzbereich.

*Aus hygienischen Gründen ist es ratsam, Einwegspritzbeutel
zu verwenden. Für kleine Mengen können im Übrigen
auch handelsübliche kleine Plastikbeutel eingesetzt werden.*

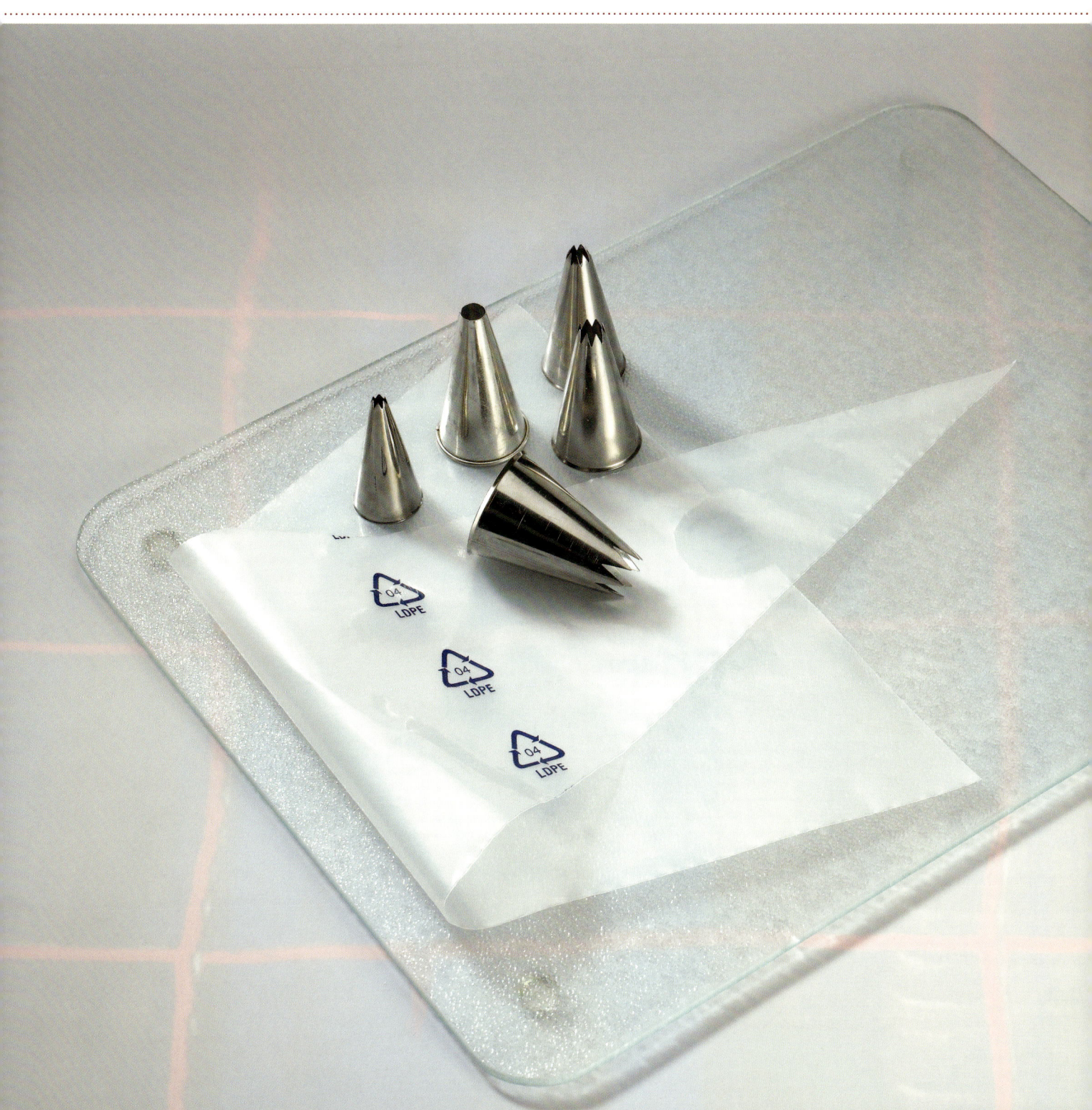

Techniken

RÖLLCHEN

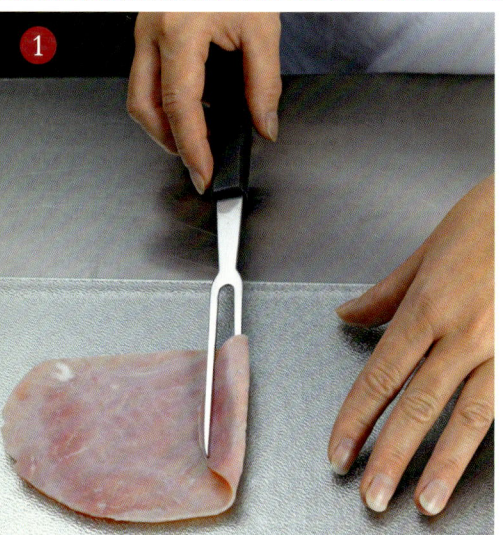 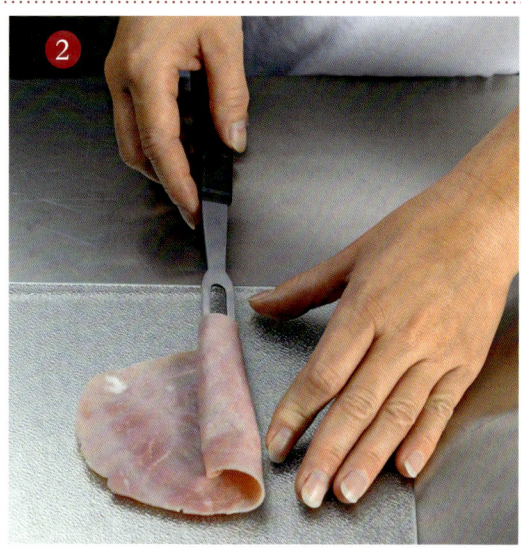 

Die Röllchentechnik kommt meist bei größeren Scheiben gekochtem oder geräuchertem Schinken zur Anwendung. Mithilfe dieser Technik ist es möglich, große Scheiben etwas zu reduzieren, somit fällt es dem Gast leichter, die Scheiben von der Platte abzunehmen.

1 … Scheibe zunächst flach auf die Arbeitsplatte legen. Eine Aufschnittgabel zu Hilfe nehmen, dann eine Zinke unter und eine Zinke über die Scheibe führen.

2 … Aufschnittgabel drehen und so die Scheibe gleichmäßig aufrollen.

3 … Fertiggestelltes Röllchen von der Gabel abziehen.

4 … Röllchen in mehreren Reihen gestaffelt auf die Platte bringen. Diese Staffelung erleichtert das Abnehmen der Scheiben und wirkt zudem aufgelockert.

FALTTECHNIK

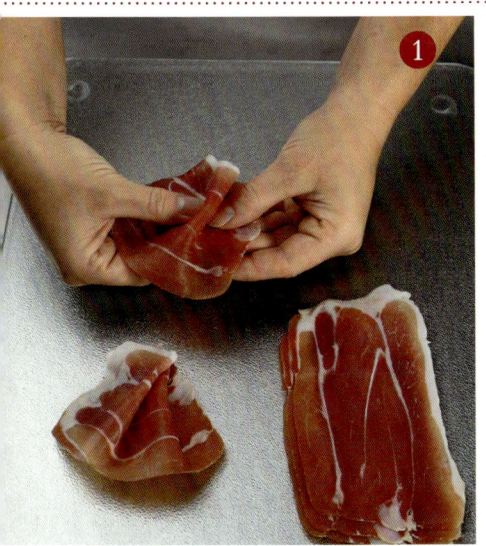 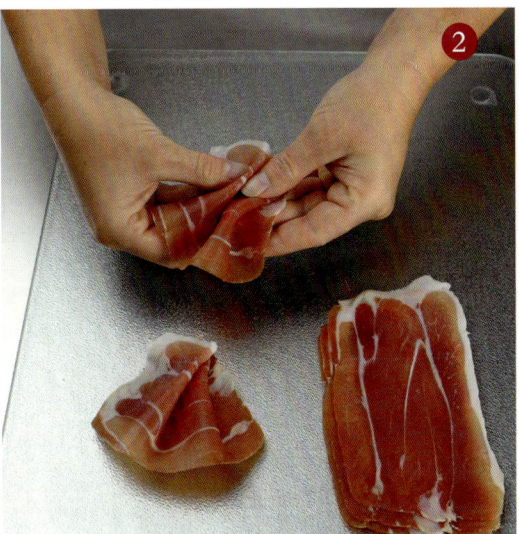 

Sollen möglichst viele Scheiben auf wenig Fläche untergebracht werden, kommt
diese Technik zum Einsatz. Dies ist vor allem dann der Fall, wenn eine verhältnismäßig
kleine Platte, aber viel Material zur Verfügung steht.

1 … Eine Scheibe im unteren Bereich mit Daumen, Zeige-
und Mittelfinger der linken Hand greifen und mit der
rechten Hand stabilisieren.

2 … Mit den Fingern der rechten Hand nun die Scheibe in
kleinen Falten zusammenschieben.
Linkshänder agieren umgekehrt.

3 … Die in Falten gelegten Scheiben zur besseren Wirkung
möglichst gruppenweise auf die Platte drapieren.

AUFRECHTE UMSCHLAGTECHNIK

 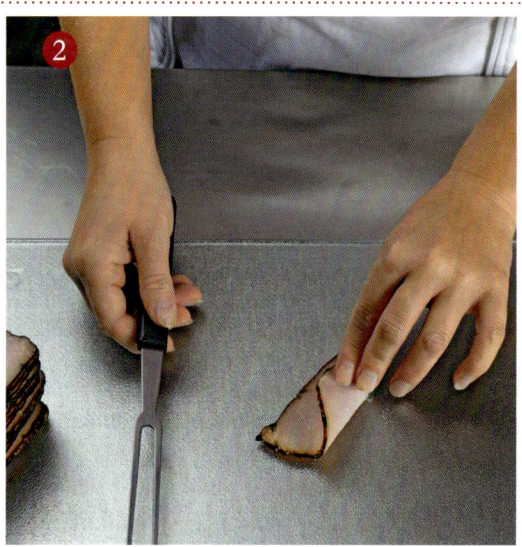 

Diese Technik findet immer dann Anwendung, wenn viel Platz, aber wenig Material
zur Verfügung steht. Es ist dabei wichtig, exakte Abstände zwischen den Scheiben einzuhalten,
da unregelmäßige Abstände rasch unprofessionell wirken können.

1 … Die zu faltende Scheibe zunächst flach und hochkant auf die
Arbeitsfläche legen, die linke Kante der Scheibe hochnehmen.

2 … Scheibe bis zur Mitte umklappen.

3 … Geklappte Scheiben in gleichmäßigen Reihen,
leicht versetzt auf der Platte anordnen.

UMSCHLAGTECHNIK

Diese Technik gehört zu den Standard-Techniken des Plattenlegens. Sie ist deshalb so
beliebt, weil sie eigentlich bei allen Materialscheiben angewendet werden kann.

1 … Die zu faltende Scheibe in beide Hände nehmen und
mit der linken Hand die Scheibe zu etwa ²/₃ umklappen.
Das untere Drittel soll auf die Platte gelegt werden,
die entstandenen oberen ²/₃ verbleiben als Deckfläche.

2 … Bei dieser Platte erfolgt die Legerichtung nach rechts mit
dem Uhrzeigersinn. Bei der Arbeit gegen den Uhrzeigersinn,
mit der Faltung einfach umgekehrt verfahren.

SPITZENTECHNIK

 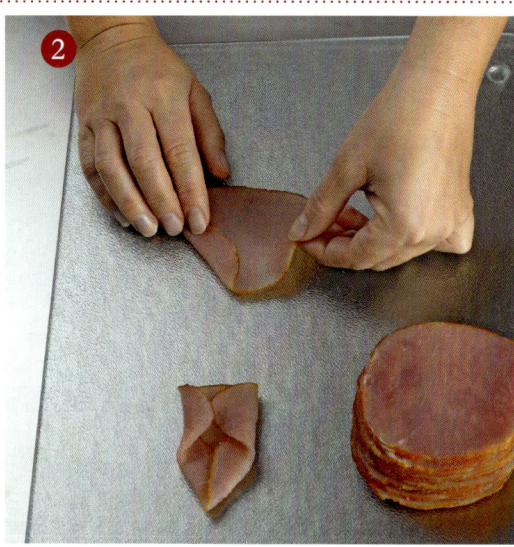 

Sollen möglichst viele Scheiben auf wenig Fläche untergebracht werden, kommt diese Technik zum Einsatz. Dies ist vor allem dann der Fall, wenn eine verhältnismäßig kleine Platte, aber viel Material zur Verfügung steht. Für diese Anwendung eignen sich allerdings ausschließlich Salami- oder Schinkenscheiben. Auch Rohschinkensorten, möglichst ohne Marmorierung, sind optimal.

1 … Die Scheibe zunächst glatt auf die Arbeitsfläche legen, dann die rechte obere Ecke bis zur Mitte der Scheibe klappen.

2 … Ebenso mit der linken oberen Ecke verfahren.

3 … Auf diese Weise entsteht bereits eine Spitze.

4 … Nun die rechte untere Ecke zur Mitte klappen.

5 … Ebenso mit der linken unteren Ecke verfahren. Die Scheibe weist nun die Form eines Häuschens auf.

6 … Die Spitzen in möglichst gleichmäßigen Reihen nebeneinander auf die Platte legen.

ÄHREN & RAUTEN

ÄHREN

Diese Technik ist anwendbar bei sämtlichen Scheiben bis zu einer Dicke von 0,5 cm.
Die Scheiben sind so leichter von der Platte abnehmbar. Auf genaue Reihenabstände achten.

1 … Messer leicht schräg ansetzen und auf diese Weise tortenförmige Stücke schneiden.

2 … Scheiben vom Plattenrand Richtung Mitte abgestaffelt auf der Platte anordnen.

RAUTEN

Diese Technik ist anwendbar bei länglichen Schnittkäse- und Bratensorten oder
dicken Räucherfischstücken.

3 … Scheiben je nach Länge jeweils 2 x schräg durchschneiden.

4 … Rauten so anordnen, dass die Spitzen in Richtung Plattenrand zeigen.

TÖRTCHEN & TÜTCHEN

TÖRTCHEN

Diese Technik ist anwendbar bei allen tortenförmigen und runden Weichkäsesorten.

5 … Käsestück halbieren.

6 … Messer leicht schräg an einer der Hälften ansetzen und auf diese Weise kleine, tortenförmige Stücke schneiden.

TÜTCHEN

Diese Technik ist bei diversen Salamisorten und einigen Rohschinkensorten anwendbar.

7 … Scheibe in die linke Hand nehmen und mit Daumen und Zeigefinger der rechten Hand konisch einrollen. Enden des entstandenen Tütchens leicht zusammendrücken. Linkshänder agieren andersherum.

Garnituren

TOMATENROSEN

1 … Tomate mit dem Strunk zur Unterseite halten. Mithilfe eines scharfen Garniermessers zunächst ein „Tellerchen" an der Oberseite der Tomate anschneiden, dieses jedoch nicht vollständig abtrennen.

2 … Die Tomate anschließend möglichst gleichmäßig schälen. Dabei darauf achten, dass die Schale an einem Stück bleibt.

3 … Die Schale nun vom Ende her aufrollen und auf das „Tellerchen" setzen.

4 … Fertige Rose.

APFEL-/GURKEN-/RETTICHFEDERN

Die Technik wird am Beispiel eines Apfels erläutert:

1 … Zunächst eine kleine Spalte aus dem Apfel schneiden und herauslösen.
Apfel dazu zwischen Daumen und Zeigefinger halten und mit einem
Garniermesser 2 kleine schräge Einkerbungen schneiden.

2 … Unterhalb der ersten Einkerbung fortfahren.

3 … Auf die beschriebene Weise 3 bis 5 Federn herstellen,
die Einkerbungen allerdings immer
größer werden lassen.

4 … Entstandene „Federn" abschließend
der Größe nach wieder
zusammensetzen.

RETTICHSPIRALEN

Zur Herstellung der Spiralen einen Benediktinerhobel zu Hilfe nehmen.

1 … Den Hobel an der dicksten Stelle des Rettichs ansetzen und mit beliebig vielen Windungen
vorsichtig, möglichst gleichmäßig in das Gemüse drehen.

2 … Rettich mit eingedrehtem Hobel.

3 … Rettich auf Länge des Hobels kürzen.

4 … Um den Hobel wieder zu entfernen, den Rettich auf Vorder- und
Rückseite der Länge nach mit einem Garniermesser aufschneiden.
Dabei darauf achten, dass die im Inneren entstandene Spirale
nicht verletzt wird.

5 … Die abgetrennten Stücke entfernen.

6 … Die Spirale herauslösen.

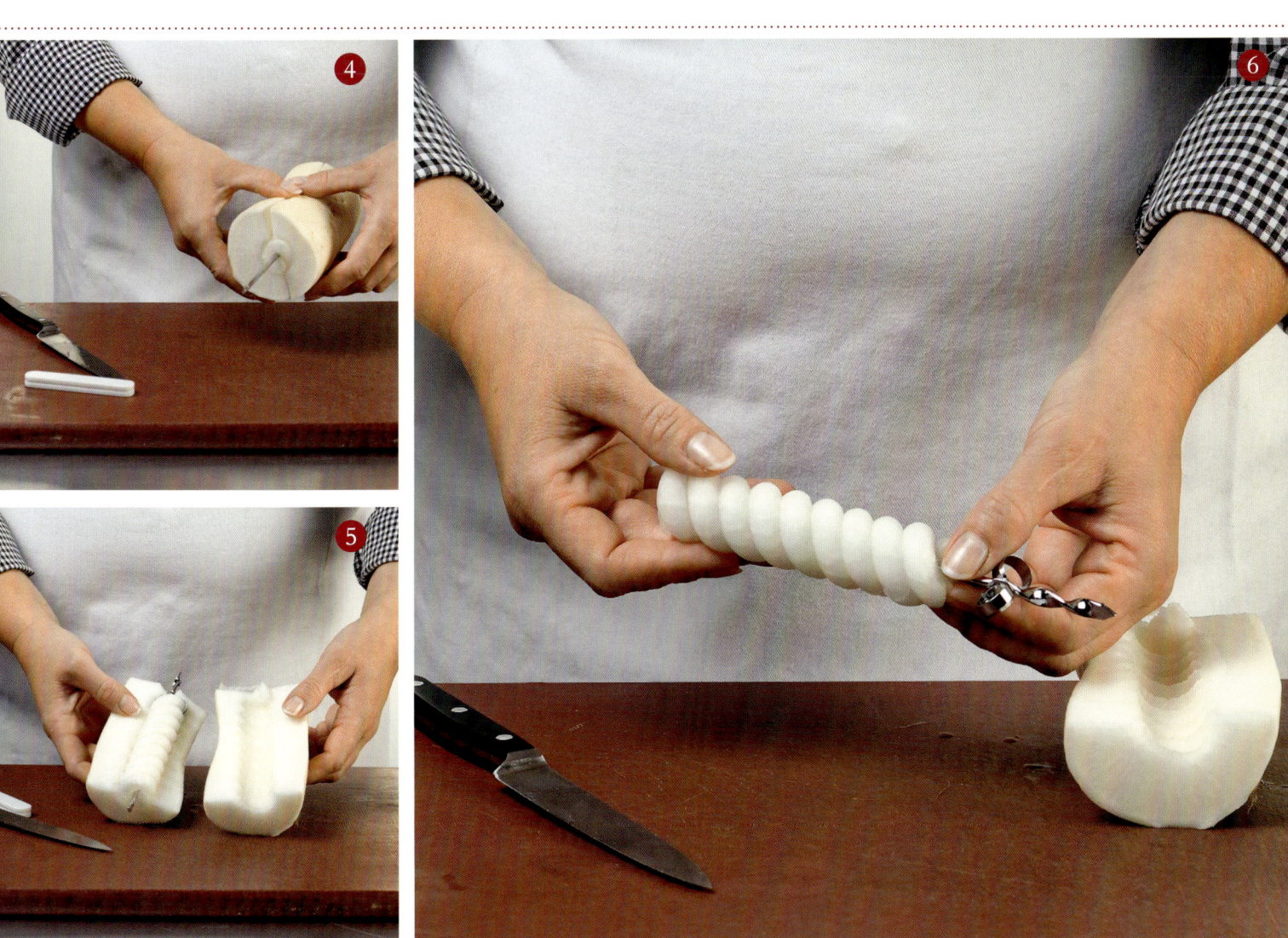

KÜRBIS-/RETTICHROSEN

Die Technik wird am Beispiel eines Rettichs erläutert:

1 … Rettich mit der Aufschnittmaschine in feine Scheiben schneiden.
Es empfiehlt sich, zunächst einige Testscheiben zu schneiden,
denn sind die Scheiben zu dünn, fällt die Rose in sich zusammen,
sind die Scheiben aber zu dick, brechen diese beim Rollen.

2 … Aus einer der Scheiben ein Röllchen als Zentrum der Rose formen.
Zur Stabilisierung ein zweites „Blütenblatt" relativ fest darum legen.

3 … Die restlichen Blätter leicht auseinander
klaffend zur vollständigen Rosenblüte
anordnen.

4 … Die Blätter abschließend mit
Hilfe eines Fadens oder eines
Holzspießchens fixieren.

ROSENBLÄTTER

1 … Rettich mit der Aufschnittmaschine in etwa
0,5 cm dicke Scheiben schneiden.

2 … Mithilfe eines blattförmigen Ausstechers
Blätter herstellen.

ÜBERBLICK KREATIONEN

ANTIPASTI, VORSPEISEN, HÄPPCHEN & MEHR
30 - 51

FLEISCH, WURST & CO
52 - 91

MINIBÜFETTS & LÖFFELFOOD
92 - 111

Dieser gut vorzubereitende Snack eignet sich perfekt als kleine Vorspeise für sommerliche Events. Bei guter Kühlung beträgt die Haltbarkeit etwa 2 Tage.

für 10 Personen

Tortellini-Spiesse
MIT BASILIKUMPESTO

GRUNDMATERIALIEN
150 g ungekochte Tortellini (etwa 30 Stück),
100 g Sahne, 250 g Mascarpone, Salz, Pfeffer, 2 EL Basilikumpesto

GARNITUR
10 Cocktailtomaten, einige Basilikumblättchen

Tortellini nach Packungsanleitung kochen und gut abkühlen lassen.
Flüssige Sahne unter die Mascarpone rühren. Masse mit Salz und Pfeffer abschmecken und
zu gleichen Teilen trennen.

In die eine Hälfte das Basilikumpesto einrühren und den unteren Teil der Gläschen damit
befüllen. Darauf die restliche Mascarponemasse geben.

Cocktailtomaten jeweils auf kleine Holzspießchen geben und nach Belieben
3 bis 4 Tortellini aufspießen. Dazwischen jeweils ein Basilikumblättchen stecken.

Fertige Spießchen leicht schräg in die Gläser stellen.

[TIPP]

Diese Rezeptur lässt sich beliebig
verfeinern – der Dip bekommt
zum Beispiel mit etwas frisch
geriebenem Parmesan eine
KRÄFTIGERE Note.

Ein Partyhit der bequem vorzubreiten ist. Die kleinen gefüllten Tomaten sind im Sommer auch sehr gut als Beilage zu Grillgut denkbar.

für 20 Stück

Kleine gefüllte Tomaten

GRUNDMATERIALIEN
100 g Cous-Cous (ersatzweise Reisnudeln), ½ Bund roter Basilikum, 2 EL Olivenöl,
100 g Mozzarella, 8 EL Pinienkerne, 20 Cocktailtomaten
Pfeffer, Salz

GARNITUR
200 g Frischkäse, rote Basilikumblättchen

Cous-Cous oder Reisnudeln in Salzwasser nach Packungsanleitung garen.
Abgießen, kalt abbrausen und gut abtropfen lassen. Die kleinsten Basilikumblätter für die
Garnitur aussortieren, den Rest fein hacken und mit Olivenöl mischen.

Mozzarella in feine Würfel schneiden. Pinienkerne in einer Pfanne ohne Zugabe von Öl goldgelb
rösten und ebenfalls fein hacken. Alle Zutaten vermengen und mit Salz und Pfeffer abschmecken.
Tomaten waschen, einen kleinen „Deckel" abschneiden und beiseite legen.

Tomaten anschließend vorsichtig aushöhlen und mit Cous-Cous– oder
Nudelmischung füllen. Um den Deckel besser befestigen zu können, ein
kleines Frischkäsehäubchen auf die Füllung setzen und die
„Tomatendeckel" leicht schräg andrücken. Mit den beiseite
gelegten Basilikumblättchen garnieren.

[TIPP]

Die NUDELFÜLLUNG LÄSST
SICH EINFACH MIT FEIN
GEWÜRFELTEM GEKOCHTEN SCHINKEN
ABWANDELN. ÜBER DIE THEKE
VERKAUFT, IST DIESE
"NUDELSALATVARIANTE"
SICHERLICH EINE LUKRATIVE
ALTERNATIVE.

Tomate-Mozzarella-Gläschen

GRUNDMATERIALIEN
5 große Fleischtomaten, 500 g Mozzarella, 2-3 EL Basilikumpesto,
2-3 EL hochwertiges Olivenöl, weißer Balsamicoessig,
Salz, Pfeffer

GARNITUR
einige Basilikumblättchen, 10-12 Cocktailtomaten,
5-7 Grissini mit Sesam

Fleischtomaten vierteln, Fruchtfleisch entfernen und den Rest in feine Würfelchen schneiden.
Mozzarella ebenfalls würfeln, dann übereinander in Gläschen schichten.
Aus Pesto, Olivenöl und Essig ein Dressing zubereiten, dieses mit Salz und Pfeffer abschmecken.

Dann in die Gläschen geben und mit jeweils einem Basilikumblättchen sowie einer halbierten
Cocktailtomate garnieren. Die restlichen Cocktailtomaten so einschneiden, dass sie nur noch vom
Strunk zusammengehalten werden und auf die Glasränder stecken.

Zum Abschluss eine halbierte Grissinistange schräg
auf die Gläschen legen.

[TIPP]

Diese Fingerfoodvariante lässt sich ganz einfach aufpeppen, indem man die Mozzarellawürfelchen mit kleinen Lachsstückchen verfeinert.

Diese Interpretation eines Vorspeisenklassikers lässt sich sehr gut vor-
bereiten, denn die Tomatenwürfel und der milde Mozzarella profitieren
sogar davon, wenn die Marinade etwas länger einziehen kann.

für 10 Personen

für 10 Personen

2 Tage im Voraus

Kühlung bis max.
7 °C

SPANISCHER AVOCADO-DIP
MIT HERZHAFTEN HACKBÄLLCHEN

GRUNDMATERIALIEN FÜR DIE HACKBÄLLCHEN

*500 g gemischtes Hackfleisch, 1 kleine Zwiebel (in feine Würfelchen geschnitten),
1 Brötchen vom Vortag (in feine Würfelchen geschnitten), 2 Eier, 1 Bund Petersilie, Salz, Pfeffer, Chilipulver,
1–2 TL Sardellenpaste, 10 grüne Oliven (entsteint), Holzspießchen*

GRUNDMATERIALIEN FÜR DEN AVOCADO-DIP

*2 reife Avocados, 1 EL Zitronensaft, 5 Zehen Knoblauch (alternativ eine kleine Zwiebel), 150 g Joghurt,
Salz, Pfeffer, Cayennepfeffer*

Zutaten vermengen und zu etwa 40–50 Gramm schweren Kugeln formen.
Backofen auf 200 °C vorheizen. Dann die Kugeln auf ein mit Backpapier belegtes Blech legen
und bei 180 °C etwa 20 Minuten garen.

Für den Avocado-Dip die Frucht mittig der Länge nach aufschneiden, den Kern herauslösen und
die Schale vom Fruchtfleisch entfernen. Dieses sofort mit Zitronensaft beträufeln.

Knoblauchzehen auspressen und zusammen mit
Fruchtfleisch und Joghurt pürieren. Mit Salz, Pfeffer und
Cayennepfeffer abschmecken.

Masse in einen Spritzbeutel ohne
Spritztülle füllen und gleichmäßig in
Portionstöpfchen geben.

Holzspießchen jeweils mit einer Olive
und einem Häckbällchen versehen und
in die vorbereiteten Gefäße geben.

[TIPP]

DIESER DIP PASST AUCH WUNDERBAR ZUM
FONDUE ODER ALS GRILLSAUCE.
UM DEN GESCHMACK WENIGER INTENSIV ZU
MACHEN, KANN MAN DIE ANZAHL DER
KNOBLAUCHZEHEN SELBSTVERSTÄNDLICH AUCH
REDUZIEREN. TAPAS DIESER ART EIGNEN
SICH SEHR GUT FÜR ANLÄSSE BEI DENEN
FINGERFOOD ANGEBOTEN WIRD, KÖNNEN
ABER AUCH BESTANDTEIL EINES
KALTEN BÜFETTS SEIN.

Fingerfood in reinster Form sind diese raffinierten und etwas ungewöhnlichen Muffins.
Mit verhältnismäßig geringem Materialeinsatz lassen sich so ausgefallene Snacks herstellen.

für 12 Stück

Ricotta-Muffins

GRUNDMATERIALIEN

3 EL Olivenöl, 12 Scheiben Sandwichtoast, 200 g Ricotta, 200 g Doppelrahmfrischkäse,
4 Eier, Salz, Pfeffer, Tabasco, 1 Bund Basilikum, 6 Cocktailtomaten

Eine Muffin-Form für 12 Stück mit Öl einfetten. Toastbrot entrinden, mit dem Nudelholz auf der Arbeitsfläche so flach wie möglich ausrollen und die Mulden damit auskleiden.

Backofen auf 180 °C vorheizen und Toast-Muffins 7 bis 8 Minuten backen.
In der Zwischenzeit Ricotta, Frischkäse, Eier, Salz, Pfeffer und einen Spritzer Tabasco vermengen.
Basilikum abbrausen und trockentupfen. Die Hälfte fein hacken und unter die Masse mischen.

Die Creme mit einer Schöpfkelle in die Toastförmchen füllen, wieder in den Ofen geben und bei 180 °C weitere 20 Minuten backen.

Sollte das Toastbrot zu dunkel werden, mit einem Stück Alufolie abdecken. Ricotta-Muffins leicht abkühlen lassen und vorsichtig aus den Formen nehmen.

Mit den restlichen Basilikumblättchen und den halbierten Cocktailtomaten garnieren.

[TIPP]

Sie können beliebig viele VARIANTEN kreieren, indem Sie der Ricotta-Masse zum Beispiel SHRIMPS, Pilze oder diverse Gemüsesorten untermischen.

Kalte Möhren-Kokos-Suppe

GRUNDMATERIALIEN
500 g Möhren, 2 Schalotten, 1 EL Olivenöl, 1 l Gemüsesaft, 200 ml Kokosmilch, Salz, Pfeffer, 3 unbehandelte Orangen, 100 g Crème fraîche

GARNITUR
1 Orange, 50 g Kokosraspel, etwas geraspelte Orangenschale, einige Zitronenmelisseblättchen

Möhren waschen, putzen und in kleine Stückchen schneiden.
Schalotten schälen und grob hacken. Olivenöl in einem Topf erhitzen, darin Möhren und Schalotten andünsten. Gemüsesaft und Kokosmilch zugeben und etwa 30 Minuten köcheln lassen.

Suppe mit einem Pürierstab pürieren und mit den Gewürzen abschmecken.
Eine Orange heiß abwaschen und mit dem Zestenreiser etwas Schale abschaben.
Beide Orangen auspressen und den Saft zur Suppe geben. Crème fraîche unter die Suppe heben und in vorbereitete Tassen füllen.

Eine weitere Orange in Spalten schneiden, diese schließlich am Tassenrand anbringen. Suppe abschließend mit Kokosraspeln, Orangenschale sowie Zitronenmelisseblättchen dekorieren.

[TIPP]

MIT ETWAS KARDAMOM GEWÜRZT UND ERHITZT IST DIE SUPPE SEHR BELIEBT ZU HERBST-LICHEN ANLÄSSEN WIE ERNTEDANK.

Diese Suppenkomposition schmeckt vor allem in den Sommermonaten erfrischend und kann darüber hinaus sehr gut vorbereitet werden.

10 Tassenportionen

Eine pfiffige Variante zur herkömmlichen Salatschale stellen diese Einmachgläser dar.
So ist ganz einfach eine gute Portionierung verschiedener Salatvariationen möglich,
außerdem bleiben diese in den Gläsern vor allem in der heißen Jahreszeit länger frisch.

für 6 Einmachgläser

Salat im Glas

GRUNDMATERIALIEN

1 kleiner Eichblattsalat, 200 g geraspelte Karotten,
1 kleine Zwiebel, 20 Cocktailtomaten, 1 Schale Kresse, 1 Bund Schnittlauch oder Salatkräuter,
1 hartgekochtes Ei

Zutaten waschen und zerkleinern. Darauf achten, dass der Eichblattsalat als Erstes in die Gläser gefüllt wird. Dann die restlichen Salatzutaten darauf geben. Das Ei mit dem Eierschneider in Scheiben schneiden und als Abschluss auf den Salat setzen.

Dressing nach Geschmack zubereiten und separat anbieten.

[TIPP]

NICHT NUR BLATT- UND ROHKOSTSALATE LASSEN SICH IN EINMACH-GLÄSERN VORZÜGLICH PRÄSENTIEREN – eine leckere ALTERNATIVE KÖNNEN auch MEERESFRÜCHTE ODER OBSTSALAT SEIN.

Antipasti

GRUNDMATERIALIEN

*12 Scheiben marinierte Auberginen, 13 Scheiben marinierte Zucchini, 9 Scheiben marinierter Schafskäse mit Paprika,
6 Scheiben marinierter Schafskäse mit Mittelmeerkräutern, 10 gefüllte Paprikaschoten, 18 gefüllte Weinblätter,
9 gefüllte, eingelegte Champignons, 10-12 gefüllte grüne Oliven*

GARNITUR
Rosmarinzweige

Marinierte Auberginen- und Zucchinischeiben in der Mitte diagonal halbieren und am Rand
der Platten oder Teller leicht überlappend anordnen. In einer weiteren Lage die beiden Sorten des
marinierten Schafskäse auflegen.

Anschließend die gefüllten Paprikaschoten sowie die Weinblätter drapieren. Im Allgemeinen
wirken solche Teller besser, wenn die einzelnen Bestandteile immer in Gruppen sowie in
übereinander geschichteten Reihen angeordnet werden. Den Abschluss bilden jeweils eine
Gruppe Champignons sowie die grünen Oliven. Mit einigen Rosmarinzweigen ausgarnieren.

Antipasti immer auf mehreren Tellern anrichten und zwischen anderen Platten
positionieren, so können Büfetts etwas aufgelockert werden.

[TIPP]

Falls Sie die Antipasti selbst herstellen wollen, gelingt dies leicht
auf folgende Weise: Einfach das Gemüse in die gewünschte Größe schneiden und zusammen mit Knoblauch und Chilischoten
in Olivenöl kurz scharf anbraten.

Anschließend in einer Marinade aus mediterranen Kräutern
wie zum Beispiel Rosmarin, Oregano, Thymian oder
Basilikum, Salz, Pfeffer und hochwertigem Olivenöl über
Nacht marinieren.

UM DER WIRTSCHAFTLICH-
KEIT RECHNUNG ZU TRAGEN
IST ES SINNVOLL, DIE
DIVERSEN ANTIPASTI
BEREITS MARINIERT
ZU KAUFEN.

Die Marinade nach Belieben mit einem Schuss Rotwein oder
Balsamicoessig verfeinern.

*Die leckere, marinierte Gemüseauswahl ist gekühlt ohne weiteres
2-3 Tage haltbar und eignet sich somit hervorragend zum Vorbereiten.*

8 bis 10 Personen

Vorspeisenteller

HERZHAFT

GRUNDMATERIALIEN

*2 Scheiben luftgetrockneter Landschinken, 3 halbierte Vesperscheiben Schinkenwurst, 75 g Emmentaler (4 Sticks),
100 g Bonifaz (natur) , 50 g angemachter Camembert (Rezept siehe unten)*

GARNITUR

einige Blätter Eichblattsalat, 3 Eierscheiben, 3 Cocktailtomaten

Zur Kontrastbildung den Teller zunächst mit einigen Blättern des Eichblattsalates belegen.
Luftgetrockneten Landschinken zu gleichmäßigen Röllchen formen (siehe Seite 14) und auf der
linken Seite des Tellers nebeneinander platzieren. Eine kleine Lücke lassen und im
Uhrzeigersinn die halbierten Vesperscheiben der Schinkenwurst drapieren.

Emmentalersticks überlappend auf die Schinkenwurst geben. Bonifaz in zwei Ecken von
je 50 Gramm schneiden und den Rest der Lücke damit füllen. Im Anschluss an die Schinkenwurst
die Eierscheiben anordnen. Ein kleines Schälchen mit angemachtem Camembert befüllen und in
den ausgesparten Bereich stellen. Mit den Cocktailtomaten ausgarnieren.

[TIPP]

HERZHAFT ANGEMACHTER CAMEMBERT

(ERGIBT ETWA 350 G)

*200 g Camembert, 120 g Schmelzkäse, 1 kleine Zwiebel,
Pfeffer, edelsüßer Paprika*

**ANSTELLE DES
ANGEMACHTEN CAMEMBERT
PASSEN AUCH
RUSTIKALE SALATE
IDEAL ZU DIESEM
ARRANGEMENT.**

Zimmerwarmen Camembert in kleine Stücke schneiden, in
einer Schüssel mit Hilfe der Knethaken des Handrührgerätes mit
dem Schmelzkäse vermengen.

Zwiebel klein schneiden und unterrühren.
Masse nach Belieben mit Pfeffer und edelsüßem Paprikapulver
herzhaft abschmecken.

Vorspeisenteller

SOMMERLICH

GRUNDMATERIALIEN

3 Scheiben Putenbrust, 2 Scheiben Heißrauchschinken, 10 Himbeeren, 4 Erdbeeren, 2 Birnenspalten,
3 Melonenspalten, 1 Pfirsichhälfte, etwas Frischkäse, einige Pfefferminzblättchen

GARNITUR

1 Pfirsichhälfte, etwas Frischkäse, einige Pfefferminzblättchen

Zunächst die Putenbrustscheiben mit der Umschlagtechnik (siehe Seite 17) falten und am oberen Ende des Tellers auflegen. Eine kleine Lücke aussparen, dann den Heißrauchschinken mit der Falttechnik raffen (siehe Seite 15). Die Lücke mit den Himbeeren ausfüllen.

Die Erdbeeren halbieren und im Uhrzeigersinn nach dem Heißrauchschinken anordnen. Mit den Birnenspalten sowie den Melonenspalten anschließen. Die Pfirsichhälfte mit Hilfe eines Spritzbeutels mit Frischkäse füllen und in der Mitte des Tellers platzieren.

Abschließend mit einigen Pfefferminzblättchen ausgarnieren.

[TIPP]

Nutzen Sie im Sommer die reiche Auswahl an Früchten für Ihre Vorspeisenteller, oftmals sind keine extrem exotische Früchte notwendig, um auch wirtschaftlich lukrative Angebote machen zu können.

ROHKOSTSALATPLATTE

SOMMERLICH UND BUNT

GRUNDMATERIALIEN

2 rote Rettiche, 225 g Gemüsemais aus der Dose, 1 grüner Paprika, 1 roter Paprika, 4-5 Tomaten,
12-15 Cocktailtomaten, 1 Bund Radieschen, 250 g frische Sprossen

Rettich raspeln und in einem Sieb gut abtropfen lassen. Gemüsemais ebenfalls abtropfen lassen.
Paprika waschen, entkernen und in gleichmäßige Spalten schneiden.
Tomaten ebenfalls waschen und zu Achteln schneiden. Sprossen in ein Sieb geben und abbrausen.

Nach dem Waschen Radieschen in kleine Stücke schneiden. Anschließend das zerkleinerte
Gemüse in sauber abgegrenzten Reihen auf die Platte geben.

Zum Abschluss ganze Cocktailtomaten auf die zerkleinerten Tomaten geben sowie Radieschen
halbieren und auf dem Radieschenstreifen dekorieren.

[TIPP]

SOLLTE DIE **PLATTE** ETWAS
GRÖSSER SEIN, KANN MAN
ZWISCHEN DEM **GEMÜSE**
AUCH **SCHÄLCHEN** MIT
DIVERSEN **DRESSINGS,**
CROÛTONS ODER KERNEN
PLATZIEREN.

8 bis 10 Personen

am Tag des Verzehrs

Kühlung bis max.
7 °C

Gemischte Aufschnittplatte

MIT RUSTIKALER GARNITUR

GRUNDMATERIALIEN

*9 Scheiben gekochter Hinterschinken, 8 Scheiben Eierpastete, 7 Scheiben Bierschinken,
8 Scheiben Pilzlyoner, 7 Scheiben Jagdwurst, 5 Scheiben Schinkenwurst (1 cm dick), 7 Scheiben gepökelte
Rinderzunge, 12 Scheiben Salami, 7 Scheiben luftgetrockneter Landschinken*

GARNITUR

*einige Blätter Lollo Rosso, 5 entsteinte grüne Oliven, 5 rote Peperoni, 5 Mini-Maiskölbchen,
7 Tomatenpaprika aus dem Glas*

Als grundsätzliche Regel, immer mit den größten Scheiben beginnen.
In diesem Fall den gekochten Hinterschinken mit Hilfe einer Aufschnittgabel zu gleichmäßigen
Röllchen formen. Anschließend die Eierpastetenscheiben mit der Umschlagtechnik
(siehe Seite 17) anordnen.

Eine mit der gleichen Technik gefaltete Reihe Bierschinken auf die Eierpastete legen.
Die Richtung wechseln und die ebenfalls umgeschlagenen Pilzlyonerscheiben an die Hinter-
schinkenröllchen anlegen. Darüber eine Reihe Jagdwurstscheiben platzieren.
Das entstandene schräge Oval mit den Lollo-Rosso-Blättern auslegen.

Den begonnenen Kreis mit von außen nach innen gestaffelten Schinkenwurst-
scheiben fortsetzen. Daran anschließend die umgeschlagene gepökelte
Rinderzunge anlegen. Salamischeiben zu Tütchen falten (siehe
Seite 21) und gruppenweise auf den Hinterschinkenscheiben
anordnen.

Gegenüberliegend den luftgetrockneten Landschinken
mit der Falttechnik (siehe Seite 15) auf die Rinder-
zungenscheiben drapieren.

Für die Garnitur die Peperoni in die grünen Oliven
stecken und sämtliche Garniturmaterialien von unten
unsichtbar mit kleinen Spießen versehen und in der
Mitte der Platte aufbringen.

[TIPP]

FÜR *einen* MILDEREN
GESCHMACK *einfach* DIE
OLIVEN *und* PEPERONI
DURCH TOMATENROSEN
(SIEHE SEITE 22)
ersetzen.

für 8 Personen

bis 2 Tage im Voraus

Kühlung bis max.
7 °C

[54]

 für 8-10 Personen

 2-3 Tage im Voraus

 *Kühlung bis max.
7 °C*

Feine Schinkenauswahl
IN TROPFENFORM

....

GRUNDMATERIALIEN

17 Scheiben Büfettschinken, 24 Scheiben Schwarzwälderschinken, 20 Scheiben Heißrauchschinken,
15 Scheiben Hinterschinken, 17 Scheiben Rinderschinken

GARNITUR

1 Netzmelone, 6-8 Bergpapayaspalten aus der Dose, 1 roter Apfel, 1 grüner Apfel,
6-8 Melonenbällchen aus der Dose, 6-8 Dörrpflaumen, etwas Pfefferminze

Büfettschinken mit Hilfe einer Gabel zu gleichmäßigen Röllchen formen (siehe Seite 14)
und stufenförmig im rechten Eck der Platte anordnen.

Netzmelone in breite Spalten schneiden und dem Uhrzeigersinn folgend aufbringen.

Anschließend den Schwarzwälderschinken mit der Falttechnik (siehe Seite 15) auflegen.
Heißrauchschinken mit der Umschlagtechnik (siehe Seite 17), ebenfalls im Uhrzeigersinn,
auf die Platte drapieren.

Den Hinterschinken mit einer Gabel zu Röllchen formen und in
drei gleichmäßigen Reihen anordnen. Anschließend den Rinderschinken mit der Spitzentechnik
(siehe Seite 18) falten und auf die Platte legen.

Die verbliebene Lücke zwischen Büfett- und Rinderschinken mit den
Stücken der Bergpapaya schließen.

Äpfel zu „Federn" schneiden (siehe Seite 23) und zusammen
mit den Melonenbällchen und den Dörrpflaumen ins Zentrum
der Platte dekorieren.

Abschließend mit Pfefferminzblättchen ausgarnieren.

[TIPP]

STATT DER
BERGPAPAYA EIGNEN
SICH AUCH KIWISPALTEN
ZUR DEKORATION
DER PLATTE.

Diese appetitliche Schinken-Bratenplatte besticht durch ihre preisgünstige aber dennoch
wirkungsvolle Garnitur. Die Gemüseteile sollten auf jeden Fall blanchiert werden,
dies garantiert eine leichtere Bearbeitung und eine bessere Farbstabilität des Gemüses.
Auf diese Weise vorbereitet ist die Platte bei guter Kühlung 2 bis 3 Tage haltbar.

für 10-12 Personen

SCHINKEN-BRATEN-PLATTE
MIT GEMÜSEGARNITUR

GRUNDMATERIALIEN

14 Scheiben gekochter Hinterschinken, 26 Scheiben roher Rinderschinken,
7 Scheiben gefüllte Kalbsbrust, 14 Scheiben gefüllter Schweinebauch (etwa 0,5 cm dick),
16 Scheiben Schwarzwälder Schinken, 10 Scheiben Kaiserfleisch

GARNITUR

einige Salatblätter, 4-5 Broccoliröschen, 1 großes Romanescoröschen, 1 schwarzer Rettich,
1–2 blanchierte Karotten, 2 Stangen Staudensellerie, etwas Liebstöckel

Die Scheiben des gekochten Hinterschinkens mit Hilfe einer Aufschnittgabel zu Röllchen formen (siehe Seite 14) und am oberen Ende der Platte platzieren. Dem Uhrzeigersinn folgend etwa 16 Scheiben (je nach Größe der zur Verfügung stehenden Platte variierend) des rohen Rinderschinkens mit der Umschlagtechnik (siehe Seite 17) auf die Platte bringen.

Kalbsbrustscheiben halbieren und leicht gestaffelt darauflegen. Darauf wiederum die restlichen Scheiben des rohen Rinderschinkens mit der Spitzentechnik (siehe Seite 18). Von den Schinkenröllchen ausgehend, entgegen dem Uhrzeigersinn, am linken Rand der Platte die Schweinebauchscheiben auslegen.

Die darüberliegende Reihe besteht aus den Scheiben des Schwarzwälderschinkens, der in der Falttechnik (siehe Seite 15) drapiert wird. In einer weiteren Reihe das Kaiserfleisch mit Hilfe der Umschlagtechnik (siehe Seite 17) auf die Platte bringen.

Das bisher frei gebliebene Zentrum mit den Salatblättern auskleiden, darauf die Broccoliröschen sowie die Romanescospitze drapieren. Den Rettich nun zu 3 Federn zurechtschneiden (siehe Seite 23) und ebenfalls in die Mitte der Platte setzen.

Anschließend die Karotten, die mit Hilfe einer Aufschnittmaschine in Längsscheiben geschnitten werden, zu Schlingen legen und auf die Achse der Schinkenröllchen drapieren. Darauf die schräg halbierten Selleriestangen geben. Zum Abschluss mit Liebstöckel ausgarnieren.

[TIPP]

Eine hübsche **Garnitur** *lässt sich auch von Ungeübten leicht herstellen. Dazu einfach die Rettichfedern durch in Spalten geschnittenen Rettich ersetzen.*

ELEGANTE BRATENVARIATIONEN

GRUNDMATERIALIEN

20 Scheiben Schweinebraten aus der Rolle (etwa 0,5 cm dick), 42 Scheiben Kasseler Braten,
22 Scheiben Roastbeef, 16 Scheiben kalter Braten

GARNITUR

1 Cantaloupe-Melone, 6 rote Weinblätter, 5 halbierte Rotweinbirnen, 100 g Frischkäse,
3 halbierte weiße Trauben, 3 halbierte Papayabällchen, einige Pfefferminzblätter

Melone in möglichst gleichmäßige Spalten schneiden und gestaffelt an der oberen Spitze der
Platte platzieren. Schweinebratenscheiben dem Uhrzeigersinn folgend auf der rechten
Seite der Platte bis ungefähr zur Plattenmitte aufreihen. Darauf zwei Reihen Kasseler Braten
mit der Umschlagtechnik (siehe Seite 17) legen. Vom oberen Punkt ausgehend nun
gegen den Uhrzeigersinn die Roastbeefscheiben zweireihig auf die Platte legen.
Für die untere Reihe die aufrechte Umschlagtechnik (siehe Seite 16) benutzen, die obere
Reihe mit der Falttechnik (siehe Seite 15) legen.

Vom Roastbeef ausgehend die restlichen Scheiben des Schweinebratens in Richtung des unteren
Endes der Platte auflegen. Dann die restlichen Scheiben des Kasselerbratens in zwei
Reihen mit Hilfe der Umschlagtechnik (siehe Seite 17) auf dem Schweinebraten anordnen.

Die entstandene Lücke mit den übriggebliebenen Melonenspalten auffüllen. Das Zentrum
der Platte mit den Blättern des roten Weinlaubs auslegen, darauf die Rotweinbirnen setzen.
Diese jeweils mit Hilfe eines Spritzbeutels mit einem Frischkäsehäubchen versehen
und nach Belieben mit Trauben und Papayastückchen ausgarnieren.
Zur Abrundung die verbliebenen Lücken mit den Pfefferminzblättchen kaschieren.

Zur Herstellung der Rotweinbirnen zunächst Tafelbirnen schälen, halbieren, anschließend das
Kerngehäuse entfernen. Birnenhälften in einem kräftigen französischen Rotwein für ein
paar Minuten aufkochen - am Besten eignet sich dafür Bordeaux. Birnen danach in diesem Sud
einige Tage ziehen lassen. Die Birnen sind im Rotwein liegend über 1 bis 2 Wochen haltbar.

Diese festliche und optisch sehr wirkungsvolle Platte ist vor allem durch ihre außergewöhnliche Garnitur eine Augenweide. Es können jedoch schnell Verfärbungen der Rotweinbirnen auftreten, deshalb sollte diese Platte nach der Herstellung möglichst zeitnah ausgeliefert werden.

für 10 Personen

Diese rustikale Vesperplatte zeichnet sich durch ihre sehr gute Haltbarkeit aus.
Sie kann durchaus 1 bis 2 Tage im Voraus produziert werden.

für 6-8 Personen

Aufschnittplatte
EINFACH & GEMISCHT

GRUNDMATERIALIEN

9 Scheiben gekochter Schinken, 12 Scheiben Wiener Braten, 10 Scheiben Pilzlyoner, 12 Scheiben Bierschinken,
10 Scheiben Paprikalyoner, 7 Scheiben Schinkenspeck, 10 Scheiben Cervelatwurst

GARNITUR

einige Blätter Eichblattsalat, 6-7 Radieschen, 8-10 Essiggürkchen, 7-8 Karottenbällchen
aus der Dose, einige Bärlauchblüten, einige Liebstöckelblätter

Gekochten Schinken mit einer Gabel zu gleichmäßigen Röllchen formen (siehe Seite 14).
Die Scheiben des Wiener Bratens mit Hilfe der Umschlagtechnik (siehe Seite 17) falten und im
Uhrzeigersinn anlegen. Pilzlyonerscheiben auf die gleiche Weise falten und auf
den Wiener Braten legen.

Nun gegen den Uhrzeigersinn, vom gekochten Schinken ausgehend, den Bierschinken auf der
Platte anordnen, darüber die Paprikalyoner. Schinkenspeckscheiben mit Hilfe der
Falttechnik (siehe Seite 15) raffen und in der entstandenen Lücke neben Wiener Braten
und Pilzlyoner anordnen. Die Cervelatscheiben zu Tütchen rollen (siehe Seite 21)
und von außen nach innen gestaffelt auflegen.

Das bisher frei gebliebene Zentrum der Platte mit
Eichblattsalat auslegen, Radieschen, Essiggurken und
Karottenbällchen von unten mit einem
Spießchen versehen und gruppenweise auf
dem Salat anordnen.

Mit Bärlauchblüten und Liebstöckelblättern eventuell sichtbare Spieße
kaschieren.

[TIPP]

Aufschnittplatten zählen zu den
weniger anspruchsvollen Ausführungen der
kalten Platten, achten Sie deshalb
auf eine einfache, aber dennoch
wirkungsvolle Garnierung,
aufwändige Schnitzereien sind
aus wirtschaftlichen Gründen
wenig angebracht.

Das rustikale Herbstvesper ist bei guter Kühlung 2 Tage haltbar. Die Haltbarkeit ist aufgrund der zur Dekoration verwendeten Kürbisrosen beschränkt, da diese sonst zu stark austrocknen und unter Umständen brüchig werden können.

für 10-12 Personen

Gaumenschmaus
RUSTIKAL & HERBSTLICH

GRUNDMATERIALIEN

20 Scheiben Schwarzwälder Schinken, 5 Scheiben gegrillter Schweinebauch,
8 Scheiben Kaiserfleisch, 8 Scheiben Schinkenspeck, 6 Landjäger, 9 Hackkringel, 13 Scheiben Heißrauchschinken,
8 Scheiben Zungenwurst, 8 Scheiben Bierwurst

GARNITUR

1 Hokkaido-Kürbis, 1 Karotte, einige Kopfsalatblätter, 5 Mini-Paprika, 5 rote Peperoni,
2 Scheiben Zebrabrot (siehe Seite 76), etwas Liebstöckel

Für die Garnitur den Kürbis zur Hälfte mit der Aufschnittmaschine in hauchfeine Scheiben schneiden, anschließend die so entstandenen „Blütenblätter" zu einer Rose raffen (siehe Seite 26). Das restliche Kürbisfleisch zurechtschneiden und mit Hilfe eines Ausstechers Kürbisblätter herstellen (siehe Seite 27).

Karotte blanchieren, so dass sie später beim Schlingen für die Dekoration nicht bricht. Ebenfalls mit der Aufschnittmaschine in feine Streifen schneiden. Mit dem Schwarzwälderschinken am oberen Ende der Platte beginnen und diesen mit der Falttechnik auf die Platte drapieren (siehe Seite 15). Anschließend Schweinebauchscheiben diagonal halbieren und in leicht versetzten Reihen im Uhrzeigersinn neben dem Schwarzwälderschinken anordnen.

Daneben das Kaiserfleisch in gestaffelten Röllchen aufbringen (siehe Seite 14). Die Schinkenspeckscheiben anschließend im Uhrzeigersinn ebenfalls in Falten legen (siehe Seite 15). Landjäger schräg halbieren, so dass 12 Stücke entstehen, diese leicht gestaffelt anschließen. Hackkringel auf eine Unterlage aus Kopfsalatblättern geben.

Heißrauchschinkenscheiben mit der aufrechten Umschlagtechnik (siehe Seite 16) anschließen. Zungenwurst- sowie Bierwurstscheiben halbieren und leicht gestaffelt möglichst exakt auf die Platte legen.

Für die Garnitur in das freigebliebene Zentrum der Platte die hergestellten Kürbisrosen sowie die Blätter setzen. Mini-Paprika sowie Peperoni halbieren und gruppenweise um die Rosen anordnen. Karottenstreifen zu Schlaufen legen, zwischen das Blütenarrangement drapieren. Abschließend mit Zebrabrotstreifen und Liebstöckel ausgarnieren.

SCHINKENVARIATIONEN
MIT GRÜNEM UND WEISSEM SPARGEL

GRUNDMATERIALIEN
16 Scheiben gekochter Hinterschinken, 24 Scheiben Coppa,
24 Scheiben roher Rinderschinken, 26 Scheiben Parmaschinken

GARNITUR
200 g weißer und grüner Spargel aus der Dose, 1 Kohlrabi, 5 Cocktailtomaten
100 g Frischkäse, 8-10 schwarze Oliven, einige Liebstöckelblätter

Den gekochten Hinterschinken mit Hilfe einer Gabel zu gleichmäßigen Röllchen formen
(siehe Seite 14) und leicht gestaffelt am rechten Plattenende anordnen.
Eine kegelförmige Lücke von etwa 5 cm aussparen und im Anschluss die Coppascheiben mit der
Umschlagtechnik (siehe Seite 17) aufbringen.

Anschließend die Hälfte des rohen Rinderschinkens mit der Falttechnik (siehe
Seite 15) raffen und im Uhrzeigersinn auf die Platte drapieren. Eine weitere
kegelförmige Lücke aussparen, diese sollte möglichst auf gleicher Höhe
zur ersten Lücke verlaufen.

Im Anschluss an die Aussparung den Parmaschinken bis zu
den Schinkenröllchen ebenfalls in der Falttechnik auflegen.
Aus den restlichen Scheiben des Rohschinkens Spitzen
falten (siehe Seite 18) und auf der untersten Reihe der
Coppascheiben anordnen.

Nun die weißen und grünen Spargelstangen getrennt
in die Aussparungen geben. Kohlrabi schälen, in Scheiben
schneiden und leicht gestaffelt auf dem weißen Spargel
positionieren.

Cocktailtomaten horizontal halbieren und aushöhlen.
Frischkäsecreme in einen Spritzbeutel füllen und in die
Tomatenhälften dressieren. Oliven von unten mit Spießchen
fixieren und zwischen Kohlrabi und Tomaten befestigen.
Abschließend mit den Liebstöckelblättern ausgarnieren.

[TIPP]

ANSTELLE DER HERZ-
HAFTEN **GARNITUR** KANN
MAN AUCH DEKORATIVES
OBST VERWENDEN, DANN
SOLLTE MAN JEDOCH AUCH
DIE SPARGELSTÜCKE
AUSTAUSCHEN.

Diese attraktive Schinkenplatte kann bei guter Kühlung bis zu
2 Tage vor der Verwendung vorbereitet werden. Man sollte den Spargel
aber unbedingt gut abtropfen zu lassen, da dieser meist nachnässt
und auf dem Spiegel schwer zu säubernde Spuren hinterlässt.

für 10-12 Personen

für 10 Personen

1-2 Tage im Voraus

Kühlung bis max.
7 °C

Schinkenvarianten

SOMMERLICH

. . . .

GRUNDMATERIALIEN

14 Scheiben gekochter Hinterschinken, 14 Scheiben geräucherter Lachsschinken, 5 Scheiben Pastete „Gärtnerin"
(Fertigprodukt), 19 Scheiben Putenschinken, 18 Scheiben luftgetrockneter Rinderschinken, 18 Scheiben Kaiserfleisch,
18 Scheiben luftgetrockneter Landschinken

GARNITUR

1 Netzmelone, 2-3 Erdbeeren, 150-200 g rote Trauben, 2-3 Aprikosen, 100 g Frischkäse, 4-5 Himbeeren,
einige Pfefferminzblätter

Gekochten Hinterschinken mit Hilfe einer Aufschnittgabel zu gleichmäßigen Röllchen formen (siehe Seite 14). Röllchen leicht gestaffelt auf der rechten Seite der Platte von außen nach innen anordnen. Dem Uhrzeigersinn folgend die Scheiben des Lachsschinkens mit der Falttechnik (siehe Seite 15) aufbringen.

Pastetenscheiben längs teilen und neben den Lachsschinken ebenfalls gestaffelt von außen nach innen auf die Platte legen. So bearbeitet wirken die dicken Pastetenscheiben etwas filigraner. Putenschinken wie oben beschrieben ebenfalls zu Röllchen formen und auf die Platte legen.

Die Scheiben des luftgetrockneten Rinderschinkens mit der Spitzentechnik (siehe Seite 18) falten und leicht versetzt jeweils neben Putenschinken und gekochtem Hinterschinken anordnen. Das Kaiserfleisch mit der aufrechten Umschlagtechnik (siehe Seite 16) auf die Platte drapieren. Eine schmale Lücke für die Aprikosen lassen und den luftgetrockneten Landschinken ebenfalls mit einer Lücke zum luftgetrockneten Rinderschinken mit der Falttechnik (siehe Seite 15) anordnen.

Für die Garnitur die Netzmelone in schmale Spalten schneiden, diese einmal halbieren und in die Spalte zwischen Land- und Rinderschinken geben. Erdbeeren halbieren und mit den Trauben ins frei gebliebene Zentrum der Platte setzen. Aprikosen halbieren und mit Hilfe eines Spritzbeutels den Frischkäse in die Hälften dressieren. Obenauf jeweils eine Himbeere, ein Minzblättchen sowie nach Bedarf ein „Aprikosenfähnchen" setzen.

TIPP: Die Pfefferminzblättchen erst kurz vor Auslieferung auf die Platte geben, da diese besonders leicht welken. Die Garnitur einer Platte wirkt besonders elegant, wenn man Früchte halbiert und mit einem Frischkäsehäubchen versieht. Diesen sehr einfachen, aber wirkungsvollen Effekt kann man sich oft zu Nutze machen, wenn nur einfach Garniermittel zur Verfügung stehen.

Rustikales Vesperbrett

GRUNDMATERIALIEN

10 Scheiben Hausmacher-Leberwurst (0,5 cm dick), 4 Stücke Cabanossi, 7 Scheiben Zungenwurst, 11 Scheiben Heißrauchschinken, 8 Stücke Landjäger, 13 Scheiben Schwarzwälderschinken, 10 Scheiben Hausmacher-Presswurst (0,5 cm dick), 8 Scheiben Bierwurst (0,5 cm dick), 8 Stücke Hausmacher-Schwarzwurst vom Ring

GARNITUR

5 Blätter Lollo Bionda, einige Liebstöckelblätter, 3 mittelgroße rote Rettiche, 2 dicke weiße Rettiche, 10 cm lang, 1 Bund Radieschen, einige Schnittlauchhalme, 3-4 Bärlauchblüten

Die Hausmacher-Leberwurst leicht gestaffelt in der rechten Ecke der Platte anordnen. Daneben zur Abgrenzung einige Blätter des Lollo Bionda. Dem Uhrzeigersinn folgend die Cabanossistücke anlegen, dann Zungenwurstscheiben halbieren und in zwei versetzten Reihen ebenfalls anlegen.

Anschließend die Scheiben des Heißrauchschinkens in der aufrechten Umschlagtechnik (siehe Seite 16) aufbringen, daneben die restlichen Blätter des Lollo Bionda. Auf diesen die halbierten Landjägerstücke drapieren. Den Schwarzwälderschinken in der Falttechnik (siehe Seite 15) anordnen. Schließlich die Presswurstscheiben halbieren und ebenfalls in 2 versetzten Reihen auf die Platte legen.

Den Kreis mit den gestaffelt angeordneten Bierwurstscheiben vervollständigen. Schwarzwurst in Scheiben schneiden und auf die Leberwurst sowie die Bierwurstscheiben drapieren. Ins Zentrum der Platte die Liebstöckelblätter geben, darauf zunächst die halbierten Stücke des roten Rettichs geben.

Mit Hilfe des Bartholomäushobels aus den weißen Rettichen zwei Spiralen ausschneiden (siehe Seite 24) und diese vom Zentrum der Platte ausgehend auflegen. Radieschen waschen, den Strunk entfernen und von unten mit Spießchen versehen. Anschließend leicht kugelförmig in die Mitte der Platte geben.

Zum Abschluss mit Schnittlauchhalmen und Bärlauchblüten ausgarnieren.

[TIPP]

KLEINE SCHÄLCHEN MIT SENF ODER MEERRETTICH KÖNNEN DIE VESPERPLATTE ALS schöne FARBTUPFER aufwerten.

Diese leckere Vespervariante lässt sich sehr gut vorbereiten
und ist bei guter Kühlung etwa 2 Tage haltbar.

für 8-10 Personen

Diese Platte wurde von einer ehemaligen Schülerin der Peter-Bruckmann-Schule als Teil der Abschlussprüfungsleistung gestaltet. Unter Vorgabe von 1 Kilogramm Material sind mindestens 4 verschiedene Techniken zu legen.

für 6-8 Personen

1-2 Tage im Voraus

Kühlung bis max. 7 °C

SCHINKEN-BRATEN-PLATTE
MIT GARNITURKOMBINATION

GRUNDMATERIALIEN

11 Scheiben Heißrauchschinken, 19 Scheiben Lachsschinken, 15 Scheiben kalter Braten,
9 Scheiben gekochter Hinterschinken, 19 Scheiben Schinkenspeck, 11 Scheiben hessisches Schinkenfleisch

GARNITUR

1 Pitahaya (in Scheiben), 2-3 Erdbeeren, 7-8 Physalis, weiße Weintrauben, 2 essbare Orchideen,
einige Blätter Süßkraut

Platte hochkant positionieren und in der rechten oberen Ecke beginnend den Heißrauchschinken mit Hilfe einer Aufschnittgabel zu gleichmäßigen Röllchen formen (siehe Seite 14). Im Uhrzeigersinn fortfahren, allerdings eine Lücke für die Scheiben der Pitahaya aussparen. Die Scheiben des Lachsschinkens mit der Falttechnik (siehe Seite 15) anschließen.

Mit der gleichen Technik die Scheiben des kalten Bratens anlegen. Diese dabei unbedingt auf gleicher Höhe wie die des Lachsschinkens anordnen. Um eine möglichst diagonale Achse und somit einen exakten Mittelpunkt zu erhalten, den gekochten Hinterschinken mit einer Aufschnittgabel rollen (siehe Seite 14) und direkt gegenüber der Heißrauchschinkenröllchen platzieren.

Schinkenspeck mit der Spitzentechnik (siehe Seite 18) falten und anlegen. Das hessische Schinkenfleisch mit der Umschlagtechnik (siehe Seite 17) anordnen.

Die Garnitur, bestehend aus halbierten Erdbeeren, einem kleinen Zweig weißen Trauben, Physalis sowie den essbaren Orchideenblüten anordnen.

Die verbliebene Lücke zwischen Heißrauch- und Lachsschinken mit den Scheiben der Pitahaya füllen. Abschließend kleine Lücken mit Süßkraut kaschieren.

[TIPP]

Die Verwendung von FRISCHBLUMEN wirkt im Falle dieser Schinken-Bratenplatte besonders attraktiv. Achten Sie jedoch unbedingt darauf, dass es sich bei den Blüten um die essbare Variante aus einer speziellen Zucht handelt. Eine Bezugsquelle finden Sie auf Seite 189.

Schinken-Braten-Platte
MIT BLÜTENGARNITUR

GRUNDMATERIALIEN

20 Scheiben gekochter Hinterschinken, 20 Scheiben luftgetrockneter Landschinken, 27 Scheiben Heißrauchschinken, 22 Scheiben Lachsschinken, 16 Scheiben geräucherter Rinderschinken, 7 Scheiben Schweinemedaillons (von der Rolle)

GARNITUR

1 grüne Zucchini (8 Scheiben), 1 Blatt Chinakohl, 4 Zucchiniblüten, 1 gelbe Zucchini (11 Scheiben), 5-6 lila Mini-Nelkenblüten, 10 Tagetesblüten

Gekochten Schinken mit Hilfe einer Aufschnittgabel zu gleichmäßigen Röllchen formen (siehe Seite 14) und gestaffelt am oberen Ende der Platte aufbringen. Zucchini mit der Aufschnittmaschine in dünne Scheiben schneiden, dann zu Schlingen legen und gestaffelt von außen in Richtung Plattenmitte drapieren.

Landschinken mit der Falttechnik (siehe Seite 15) neben den Zucchinischlingen anordnen. Die Abstände von Scheibe zu Scheibe sollten möglichst gleichmäßig sein. Den Anschluss an den Landschinken bilden die Scheiben des Heißrauchschinkens, die mit der aufrechten Umschlagtechnik (siehe Seite 16) auf die Platte gebracht werden. Lachsschinkenscheiben mit der Spitzentechnik (siehe Seite 18) falten und gestaffelt in Richtung Mitte der Platte legen.

Den Rinderschinken mit der Umschlagtechnik (siehe Seite 17) ebenfalls im Uhrzeigersinn aufbringen. Neben den Röllchen des gekochten Schinkens das Chinakohlblatt platzieren, darauf gestaffelt die Schweinemedaillonscheiben anordnen.

In die verbliebene Lücke zwischen Medaillons und Rinderschinken die Zucchiniblüten drapieren. Die gelbe Zucchini mit der Aufschnittmaschine in gleichmäßige Scheiben schneiden und zu kleinen Röllchen aufwickeln. Einige Scheiben übriglassen und spitz zuschneiden. Diese Spitzen mit den Röllchen im Zentrum der Platte anordnen.

Garnitur mit Tagetesblüten und Mini-Nelken abrunden. Bei Bedarf noch einige grüne Zucchinischeiben spitz zuschneiden und neben die Blüten stecken.

[TIPP]

Diese GARNITUR ist VOLLSTÄNDIG ESSBAR, ALLE BLÜTEN KÖNNEN ÜBER DEN GUT SORTIERTEN OBST- UND GEMÜSEHANDEL BEZOGEN WERDEN. EINE BEZUGSQUELLE FINDEN SIE AUF SEITE 189.

für 10 Personen

2-3 Tage im Voraus

Kühlung bis max.
7 °C

Die sommerliche Geflügelplatte sollte aufgrund der in der Dekoration enthaltenen
frischen Früchte zeitnah vor Auslieferung an den Kunden hergestellt werden.

für 10 Personen

GEFLÜGELPLATTE
MIT PAPAYASPALTEN

GRUNDMATERIALIEN
21 Scheiben Putenbrust, 12 Geflügelfrikadellen, 9 Putenzöpfchen, 10 Hähnchenflügel,
5 Putenschnecken

GARNITUR
einige Salatblätter, 1 frische Papaya, 100 g Bergpapaya aus der Dose, 5-6 Erdbeeren,
einige Pfefferminzblätter

Putenbrustscheiben mit der Umschlagtechnik (siehe Seite 17) am unteren
Plattenrand aufreihen. Die anderen Hälfte der Platte mit Salatblättern auslegen, darauf
die Geflügelfrikadellen platzieren.

In Richtung Zentrum der Platte Hähnchenflügel und Putenzöpfchen auflegen.
In den freigebliebenen mittleren Bereich die Putenschnecken setzen. Beide Papayasorten in
gleichmäßige Spalten schneiden und gruppenweise auf den Putenschnecken anordnen.

Außerdem Erdbeeren halbieren und auf die gleiche Weise drapieren. Garnitur mit einigen
frischen Pfefferminzblättchen abrunden.

[TIPP]

DEN GRÜNEN STRUNK DER
ERDBEEREN NICHT ABSCHNEIDEN
– SIE SIND SO ETWAS LÄNGER
HALTBAR UND SPIEGELN
DURCH DAS BLATTGRÜN
FRISCHE WIDER.

Elegante Geflügelplatte

GRUNDMATERIALIEN
19 Scheiben Truthahnschinken, 3 ganze gefüllte Hähnchenbrüstchen,
5 mit Kokos panierte Putenschnitzel, 9 Putenspießchen, etwas Mango-Chutney

GARNITUR
einige Blätter Eichblattsalat, 5 Orangenspalten, einige Pfefferminzblätter, 8 Physalis,
2 Scheiben Zebrabrot (siehe Tipp), gehackte Pistazien

Platte senkrecht auf die Arbeitsfläche legen und am oberen Ende die Truthahnschinkenscheiben
zu Röllchen formen (siehe Seite 14) und in 3 versetzten Reihen anordnen.
Daran anschließend einige Blätter Eichblattsalat auf die Platte geben.

Gefüllte Hähnchenbrüste in 0,5 cm dicke Scheiben schneiden und auf
den Blättern platzieren. Putenspießchen am unteren Ende der Platte
gestaffelt auflegen. Panierte Kokosschnitzelchen diagonal
halbieren und leicht gestaffelt auf den Truthahnschinkenscheiben anordnen.

Ins Zentrum der Platte ein mit Mango-Chutney
gefülltes Dipschälchen geben. Die Lücken
zwischen Fleischwaren sowie dem
Schälchen mit Orangenspalten, Pfefferminzblättchen und Physalis kaschieren.

Unterhalb des Schälchens die schräg
halbierten Zebrabrotstreifen
positionieren.

Schälchenrand mit gehackten
Pistazien ausgarnieren.

[TIPP]

ZEBRABROT, *eine einfache aber
effektive Garnierung, die darüber
hinaus sehr gut vorbereitet und im
Kühlhaus aufbewahrt werden kann.
Dazu* PUMPERNICKELSCHEIBEN *mit
Butterscheiben der gleichen Dicke
belegen und gut zusammenpressen.
Den Block nach kurzer Kühlung mit
der Aufschnittmaschine in gleich-
mässige* SCHEIBEN *schneiden.*

Allerlei vom Geflügel

GRUNDMATERIALIEN

8 Geflügelfrikadellen, 4 halbierte Hähnchenbrüstchen, 9 kleine Hähnchenkeulen,
9 gefüllte Hähnchenbrüstchen, 500 g Geflügelsalat, 10 Scheiben Putenbrust

GARNITUR

einige Blätter Eichblattsalat, 2 Orangen, 200 g weiße Trauben
6-8 Erdbeeren, etwas Zitronenmelisse

Das obere Ende der Platte mit Eichblattsalat auslegen, Geflügelfrikadellen halbieren und gestaffelt darauf platzieren. Hähnchenbrusthälften in etwa 2 cm breite Rauten schneiden und im Uhrzeigersinn neben den Frikadellen anordnen. 1 Orange mit Hilfe der Aufschnittmaschine in gleichmäßige Scheiben schneiden und ziegelartig von außen nach innen auf die Platte aufbringen.

Im Anschluss erneut Eichblattsalat auslegen, darauf die Hähnchenkeulen setzen. Gefüllte Hähnchenbrüste in Tranchen schneiden und ziegelartig neben den Hähnchenkeulen positionieren. Jeweils 100 g des Geflügelsalates in 5 Schälchen füllen und auf der Mittelachse der Platte aufreihen.

An die linke Seite der Frikadellen überlappend die Putenbrustscheiben anlegen. Die zweite Orange in 8 bis 10 Spalten schneiden und mittels Spießchen zwischen Frikadellen und Putenbrust anbringen.

Die Trauben in die verbleibende Lücke unterhalb der Geflügelsalatschälchen setzen.

Abschließend einige Erdbeeren halbieren und gemeinsam mit den restlichen ganzen Früchten in die Mitte der Platte arrangieren und mit Zitronenmelissenblättchen dekorieren.

[TIPP]

ANSTELLE DES
GEFLÜGELSALATS
KANN MAN DIE PLATTE
AUCH WUNDERBAR MIT
WÜRZIGEN DIPS FÜR
DIE HÄHNCHENKEULEN
VARIIEREN.

[79]

Diese fruchtige und sommerliche Geflügelplatte lässt sich bei guter Kühlung (6 °C bis 8 °C) etwa 2 Tage im Voraus vorbereiten.

für 8-10 Personen

Diese Grillplatte sollte aufgrund der rohen Hackfleischprodukte ausschließlich am Tag der Herstellung verkauft werden.

für 6-8 Personen

Runde Grillplatte

GRUNDMATERIALIEN

*3 Putenzöpfchen, 6 Bratwürstchen im Speckmantel, 2 Hacksteaks, 7 halbierte Grillwürstchen,
2 marinierte Lammspieße, 5 kleine marinierte Rindersteaks, 4 Schnecken Nürnberger Art,
2 marinierte Hähnchenkeulen, 3 Grillfackeln aus Schweinebauch*

GARNITUR

*einige Blätter Lollo Bionda, 2 kleine Kartoffeln, 5 Cocktailtomaten, Kräuterbutter, 3 rote Peperoni,
2 grüne Peperoni, einige Schnittlauchhalme, 2 Rosmarinzweige*

Zuerst die Putenzöpfchen am oberen Ende der Platte auflegen, anschließend die Bratwürste
im Speckmantel sowie die Hacksteaks im Uhrzeigersinn anordnen. Daneben die halbierten
Grillwürstchen leicht gestaffelt positionieren.

Nun Lammspieße, Rindersteaks und Schnecken ebenfalls im Uhrzeigersinn auf die Platte
aufbringen. Unter die Schnecken zur Kontrastbildung einige Blätter Lollo Bionda legen.

In die Lücke zwischen Schnecken und Putenzöpfchen die Grillfackeln positionieren.
Außerdem die Hähnchenkeulen mit einer kleinen Salatunterlage leicht überlappend auf die
Schnecken legen.

Für die Garnitur die Kartoffeln in Hälften schneiden,
würzen und grillen. Außerdem Cocktailtomaten häuten
und ebenfalls grillen.

Das freigebliebene Zentrum der Platte
ebenfalls mit Salatblättern auslegen und
Kartoffelscheiben, Tomaten und Kräuterbutter hineindrapieren.

Abschließend mit Peperoni,
Schnittlauchhalmen sowie Rosmarinzweigen ausgarnieren.

[TIPP]

Da Kräuterbutter, Grilltomaten
sowie Grillkartoffeln bei dieser Platte
nicht als Beilage, sondern ausschliesslich
als schmückendes Beiwerk
betrachtet werden, sollte unbedingt darauf
geachtet werden, diese noch zusätzlich
anzubieten. Man rechnet mit
einer Menge von 200 g pro Person.

Gemischte Grillplatte

AUF SCHIEFER

GRUNDMATERIALIEN

5 marinierte Rinderhüftsteaks, 6 gewürzte Schweinebauchscheiben, 4 marinierte Putenschnitzel,
4 Siebenschwabenspieße, 5 feine Bratwüstchen im Speckmantel

GARNITUR

2 große Rhabarberblätter, 3 Folienkartoffeln, 2 Schälchen mit Grillsaucen, 5-6 Cocktailtomaten,
verschiedene Salatblätter, einige Rosmarinzweige

Rinderhüftsteaks sowie Schweinebauchscheiben diagonal halbieren, so können die Gäste eine
größere Menge kleiner Stückchen probieren.

Rhabarberblätter auf die Platte legen, um zu verhindern, dass sich überschüssige Marinade
auf der Platte sammelt. Rinderhüftsteakspitzen ziegelartig auf das obere Ende der Platte legen.
Im Uhrzeigersinn die Putensteaks zweireihig aufbringen, im Anschluss die Schweinefiletspieße.

Auf der gegenüberliegenden Seite der Rinderhüftsteaks die Schweinebauchspitzen positionieren.
Anschließend die Siebenschwabenspieße sowie die Bratwürstchen im Speckmantel auflegen.

In das freigebliebene Zentrum der Platte die Folienkartoffeln, die Schälchen mit
den Grillsaucen und die Cocktailtomaten geben. Mögliche Lücken mit den
verschiedenen Salatblättern und den Rosmarinzweigen kaschieren.

[TIPP]

UM GRILLPLATTEN zu
VERFEINERN,
EIGNEN SICH HERVOR-
RAGEND GEWÜRZTE
**KRÄUTERBUTTER-
VARIANTEN.**

Da diese Grillvariation unter anderem rohe Bratwürstchen enthält,
sollte sie nur am Tag der Herstellung an Kunden weitergegeben werden.

für 6-8 Personen

FONDUEFLEISCH

CHINOISE

GRUNDMATERIALIEN

35 Scheiben rohe Putenbrust (etwa 750 g), 22 Scheiben Rindfleisch aus dem Rinderfilet (etwa 600 g),
22 Scheiben Schweinefilet (etwa 500 g)

GARNITUR

4 Tomatenröschen (siehe Seite 22), 3–4 Broccoliröschen, 3-4 Karottenkeile,
3-4 kleinere Stücke Staudensellerie, einige Blätter Romanasalat, etwas Schnittlauch

Das leicht angefrorene Fleisch mit Hilfe der Aufschnittmaschine in gleichmäßige Scheiben
schneiden. Putenscheiben am äußeren Rand der Platte leicht überlappend aufreihen,
dann die restlichen Fleischscheiben in einem Kreis bis zum Zentrum in der gleichen Weise auf
die Platte geben. Dabei darauf achten, dass die Fleischsorten variiert werden, um eindeutige
Farbkontraste zu schaffen, so dass auch der Laie die verschiedenen Fleischsorten erkennen kann.

Um die Platte etwas abwechslungsreicher zu gestalten, ist es sinnvoll auch die Legetechniken
etwas zu variieren, hier am Beispiel des Rinderfilets zu sehen, das in der Falttechnik
(siehe Seite 15) aufgebracht wurde.

In den freigebliebenen Bereich Tomaten- und Broccoliröschen
drapieren, außerdem unter die Ränder die spitz zugeschnittenen
Karottenkeile, die Staudenselleriestifte sowie die Blätter
des Romanasalates schieben.

Mit den Schnittlauchhalmen ausgarnieren.

[TIPP]

UM DIE SCHNITTLAUCHHALME
WIE IN DIESEM BEISPIEL ZU
DRAPIEREN, IST ES SINNVOLL,
EINEN FADEN ZU HILFE ZU
NEHMEN UND DAMIT DIE ENDEN
DER HALME ZUSAMMENZU-
BINDEN. DABEI JEDOCH DARAUF
ACHTEN, DASS DIESER
UNSICHTBAR BLEIBT.

Da es sich bei dem Belag dieser Platte um rohes Fleisch handelt, welches am besten leicht angefroren verarbeitet wird, sollte das Arrangement möglichst frisch beim Kunden angeliefert werden.

für 6 Personen

Eine raffinierte und wenig aufwändige Kombination von Linsen und Spargel,
die auch gut in Einzelportionen auf einem Vorspeisenteller serviert werden kann.

Gefüllte Schinkenröllchen
auf Linsenmus

GRUNDMATERIALIEN FÜR DAS LINSENMUS

500 g rote Linsen, 10 ml Weißweinessig, Salz, Pfeffer, etwas Schnittlauch (in Röllchen geschnitten), 2 EL Schmand

GRUNDMATERIALIEN FÜR DIE SPARGEL-SCHINKENRÖLLCHEN

23 Scheiben gekochter Schinken, 21 Stangen Spargel in Premiumqualität, 1 hartgekochtes Ei

GARNITUR

etwas Schnittlauch (in Röllchen geschnitten), 2 bis 3 Halme Kap-Knoblauch, etwas Kapuzinerkresse

Linsen etwas länger als auf der Packungsanleitung angegeben kochen. Die fertigen Linsen mit etwas Weißweinessig sowie Salz und Pfeffer würzen, dann Schmand und einen Teil des Schnittlauchs unterrühren. Die Masse auf eine flache Schale streichen.

Jeweils eine Stange Spargel mit einer Schinkenscheibe umwickeln und leicht gestaffelt auf dem Linsenmus anordnen. Die beiden übrig gebliebenen Schinkenscheiben in schmale Streifen schneiden und auf den zusammenlaufenden Enden der Röllchen verteilen, um die Übergänge zu kaschieren.

Das gekochte Ei würfeln, dann die Eierbrösel sowie die Schnittlauchröllchen über die Schinkenstreifen streuen. Abschließend mit den Kap-Knoblauchhalmen und den Blüten der Kapuzinerkresse ausgarnieren.

[TIPP]

Bieten Sie das **Linsenmus** zur Abwechslung doch mal als vegetarischen **Brotaufstrich** an.

Gemüsepastete mit Lachsschinken
und Kräuter-Sahne-Quark

GRUNDMATERIALIEN FÜR DIE GEMÜSEPASTETE

5 Eier , 100 g Sahne, Salz, Pfeffer, 2 blanchierte Karotten, 250 g blanchierter Broccoli,
200 g blanchierte Bohnen, 1 mittelgroße Zucchini

46 Scheiben mildgeräucherter Lachsschinken, 250 g Quark, 50 g Sahne,
30 g Kräuter (Petersilie, Schnittlauch, Liebstöckel, Sauerampfer etc.), Salz, Pfeffer

GARNITUR

100 g blanchierte Broccoliröschen, 100 g blanchierte Karottenkeile, einige Schnittlauchhalme,
einige Sauerampferblätter, 5-6 Salbeiblätter, 8-10 Blüten Kapuzinerkresseblüten

Eier und Sahne verrühren und mit Salz und Pfeffer abschmecken. Das blanchierte Gemüse nach Belieben in kleine Stücke schneiden. Anschließend eine Kastenform mit Frischhaltefolie auslegen, etwas Eiermasse einfüllen, das Gemüse darauf verteilen und mit der restlichen Eiermasse auffüllen. Klarsichtfolie über die Kastenform spannen, in ein Wasserbad stellen und im Backofen bei 120 °C 1 Stunde pochieren.

Pastete anschließend abkühlen lassen, vorsichtig aus der Form nehmen, die Folie entfernen, auspacken und in etwa 1 cm dicke Stücke schneiden. Scheiben am Rand der Platte auslegen, dann den Lachsschinken mit Hilfe der Falttechnik (siehe Seite 15) bis zum Zentrum der Platte aufbringen, allerdings einen kleinen Bereich aussparen.

In diesen die blanchierten Broccoliröschen platzieren sowie die zu spitzen Keilen geschnittenen blanchierten Karotten. Den Quark mit Sahne, Kräutern, Salz und Pfeffer abschmecken, in eine Sauciere geben und am Rand der Platte platzieren. Abschließend mit Schnittlauch und Sauerampfer ausgarnieren.

[TIPP]

Die Gemüsepastete sowie 2 bis 3 Scheiben Lachsschinken sind auch ideal als kleine Vorspeise auf einem Teller denkbar.

für 8-10 Personen

2-3 Tage im Voraus

Kühlung bis max.
7 °C

für 10 Personen

1-2 Tage im Voraus

Kühlung bis max.
7 °C

rustikale Wurstscheiben
MARINIERT

GRUNDMATERIALIEN

1 kg hausgemachte Presswurst im Magen, 1 kg hausgemachte Blutwurst, 1 kg Stuttgarter Schinkenwurst,
Essig, Öl, Salz, Pfeffer, Zitronensaft für das Dressing

GARNITUR

3 gekochte Eier, 2 Frühlingszwiebeln, 2 kleine rote Zwiebeln, 5 Cocktailtomaten,
1 Bund Schnittlauch, 6 Radieschen

Wurstsorten in etwa 0,5 cm dicke Scheiben schneiden und leicht überlappend in tiefe
Salatschalen drapieren. Scheiben mit einem Dressing aus Öl, Essing, Salz, Pfeffer und etwas
Zitronensaft marinieren.

Garniturbestandteile klein schneiden, dann Presswurst mit Ei und Frühlingszwiebeln,
Blutwurst mit roten Zwiebeln und Cocktailtomaten sowie Schinkenwurst mit
Schnittlauch und Radieschen bestreuen.

[TIPP]

Marinade 1 bis 2 Tage
einwirken lassen – der
wunderbar herzhafte
Geschmack kommt auch
bei sommerlichen
Temperaturen
immer gut an.

Minibüfett

ALS TRILOGIE

GRUNDMATERIALIEN FÜR DIE FISCHPLATTE

12 Scheiben Terrine von dreierlei Fisch, 9 Scheiben Graved Lachs, 10 Surimistückchen (gepresstes Krebsfleisch),
8 Fischbällchen (Fertigprodukt)

GARNITUR

einige Salatblätter, 5-6 Salbeiblätter, 6-7 Cocktailtomaten, etwas Dill

Fischterrine in gleichmäßigen Abständen von unten nach oben auf die rechte Seite der Platte
geben. Die Salatblätter am oberen Ende der Platte positionieren, darauf gestaffelt die
diagonal zugeschnittenen Surimistückchen anordnen. Gegenüberliegend am anderen Ende der
Platte die Lachsscheiben in Falten legen (siehe Seite 15).

Fischbällchen zwischen Surimi-Stückchen und Lachsscheiben arrangieren.
Ebenfalls in dieser Lücke die Cocktailtomaten platzieren.
Eventuell entstandene Lücken mit Dill und Salbei füllen.

GRUNDMATERIALIEN FÜR DIE BRATENPLATTE

9 Scheiben Roastbeef, 3 Medaillonscheiben vom Schwein (5 mm dick), 6 Scheiben kalter Braten,
14 Scheiben Lachsschinken

GARNITUR

etwas blanchierter Brokkoli, 2-3 Salatblätter, 7 kleine Karottensülzchen mit Frischkäse-Kaperngarnitur
(Rezept siehe Seite 94), einige Schnittlauchhalme, etwas Rosmarin

Roastbeefscheiben am einen Ende der Platte in Falten legen (siehe Seite 15). Die Salatblätter als
Kontrastgeber auf die rechte Seite der Platte platzieren. Die Lachsschinken-Scheiben
mit Hilfe einer Aufschnittgabel zu gleichmäßigen Röllchen formen (siehe Seite 14) und von
der unteren Seite aus, leicht gestaffelt, auf der Platte platzieren.

Den kalten Braten und die Medaillonscheiben in die verbleibende Lücke drapieren.
Die blanchierten Brokkoliröschen auf die Medaillonscheiben setzen. Die Karottensülzchen über
den Salatblättern in einem leichten Bogen von außen nach innen verlaufend auf die Platte geben.
Die fertige Platte mit einigen Rosmarinspitzen und Schnittlauchhalmen dekorieren.

für 6-8 Personen

bis 3 Tage im Voraus

Kühlung bis max.
7 °C

MINIBÜFETT

ALS TRILOGIE

KAROTTENSÜLZCHEN

Etwa 300 g Karotten schälen, in kleine Stückchen schneiden und etwa 10 Minuten in etwas Salzwasser weichkochen. Anschließend mit einen Pürierstab zu einem feinen Mus pürieren. 4 Gelatineblätter in kaltes Wasser einlegen, gut ausdrücken und zusammen mit dem Karottenmus in einem kleinen Topf erhitzen.

Die Masse in vorbereitete kleine Silikonförmchen füllen (ersatzweise auch Eiswürfelbereiter aus Gummi) und etwa 2 Stunden kaltstellen.

Für die Garnitur mit einem ovalen Ausbohrer eine Karottenlinse herstellen. Abschließend mit einem Frischkäse-Häubchen, der Linse sowie 2 Kapern dekorieren.

GRUNDMATERIALIEN FÜR DIE KÄSEPLATTE

200 g Camembert, 5 Scheiben Appenzeller (4 mm dick), 5 Scheiben Emmentaler (4 mm dick), 200 g Bavaria Blue, 4 gelbe Babybel

GARNITUR

150 g weiße Weintrauben, 5-6 Melonenbällchen aus der Dose, 5-6 Erdbeeren, 3-4 Walnüsse, 2-3 Weinblätter, einige Pfefferminzblätter

Die Platte mit den Weinblättern belegen. Den Camembert mit dem Käsemesser in gleichmäßige tortenförmige Stückchen schneiden (siehe Seite 21), diese staffelförmig am oberen Ende der Platte anordnen.

Appenzeller- und Emmentalerscheiben diagonal halbieren, so dass jeweils Dreiecke entstehen. Diese jeweils rechts und links unterhalb der Camembertstückchen platzieren. Bavaria Blue auf die gleiche Weise auf der gegenüberliegende Seite anordnen. Die Baby-Bel-Taler in die entstandene Lücke zwischen Appenzeller und Bavaria Blue setzen.

Jeweils 3 bis 4 zusammenhängende Trauben vom Strunk abschneiden und möglichst kompakt auf die Käsedreiecke setzen, daneben die Melonenbällchen. Erdbeeren halbieren, von unten mit einem Holzspießchen anspießen und gruppenweise ne-ben den Melonenbällchen anordnen.

Mögliche Lücken mit den Walnusshälften schließen und die Platten mit einigen Minz-blättchen abrunden.

[TIPP]

ANSTELLE DER WEINBLÄTTER eignen sich auch blanchierte BLAUKRAUTBLÄTTER hervorragend als Kontrastgeber auf weissen Platten. IN DIESEM FALLE SOLLTE ABER ausschliesslich eine HERZHAFTE GARNITUR zum Einsatz kommen.

*Wer bei Veranstaltungen mit kleinerer Personenzahl dennoch
nicht auf ein vielfältiges Angebot an Speisen verzichten will,
der liegt mit diesem Mini-Büfett genau richtig.*

für 6 Personen

Herzhaftes Minibüfett

AUF STUFEN

GRUNDMATERIALIEN FÜR DIE SCHINKENPLATTE

8 Scheiben gekochter Hinterschinken, 8 Scheiben roher Rinderschinken, 3 Hackbratenkringel,
9 Scheiben Kaiserfleisch

GARNITUR

einige Salatblätter, ½ Kürbis, 2-3 Romanesco-Spitzen, einige Schnittlauchhalme, einige Liebstöckelblätter

Hinterschinken zu Röllchen formen (siehe Seite 14). Dem Uhrzeigersinn folgend
Rinderschinkenscheiben mit der Falttechnik (siehe Seite 15) auf der Platte anordnen.
Anschließend Salatblätter als Unterlage auflegen, darauf die Hackbratenkringel setzen.

Kaiserfleisch ebenfalls mit der Falttechnik raffen (siehe Seite 15) und im Anschluss an die
Kringel aufbringen. Mit Hilfe der Aufschnittmaschine hauchfeine Scheiben des
Kürbisfleisches zurechtschneiden und zu insgesamt 4 Rosenblüten drapieren (siehe Seite 26).

Zur Fixierung ein Holzspießchen benutzen. Die Rosen als Gruppe zwischen
Kaiserfleisch und gekochtem Schinken anordnen, daneben die Spitzen des Romanescos.
Mit Schnittlauchhalmen und Liebstöckelblättern ausgarnieren.

HERZHAFTES MINIBÜFETT
AUF STUFEN

GRUNDMATERIALIEN FÜR DIE KÄSEPLATTE

4 Scheiben Räucherkäse, 100 g Chaumes, 6 Scheiben Butterkäse, 150 g Rosmarinkäse,
3 Walnusstaler, 7-8 Käsekugeln (Rezept siehe unten)

GARNITUR

einige Salatblätter, 3 halbe Kiwis, 70 g weiße Trauben, 50 g Frischkäse, einige Granatapfelkerne

Räucherkäsescheiben halbieren und versetzt im rechten Bereich der Platte anordnen.
Chaumes in 4 gleichmäßige Stücke schneiden und im Uhrzeigersinn an den Räucherkäse
anschließen. Butterkäsescheiben diagonal halbieren und an die Chaumes-Stückchen anlegen.
Rosmarinkäse in 3 gleichmäßige Stücke schneiden und von innen nach außen überlappend auf die
Platte setzen. Daneben als Farbkontrast 1 bis 2 Salatblätter geben, darauf die Walnusstaler setzen.

Den Rand der Kiwihälften gezackt einschneiden und gemeinsam mit den Trauben gruppenweise im frei gebliebenen Bereich anordnen. Mit Hilfe eines Spritzbeutels jeweils ein Frischkäsehäubchen auf die Kiwihälften setzen und mit einigen Granatapfelkernen ausgarnieren.
Abschließend die Käsekugeln ins Zentrum der Platte setzen.

KÄSEKUGELN (ERGIBT ETWA 1000 G)

200 g Pumpernickel, 250 g Butter, 500 g geriebener Hartkäse
(Gouda, Emmentaler, Appenzeller), 2 Bund Schnittlauch
Salz, Pfeffer, etwas Paprikapulver

Pumpernickel so fein wie möglich zerbröseln.
Butter und Hartkäse mit einer Reibe zerkleinern,
Schnittlauch zu kleinen Röllchen schneiden.
Zutaten zu einer homogenen Masse vermengen und
mit Salz, Pfeffer und Paprika abschmecken.

Anschließend zu gleichmäßigen Kugeln formen und
durch die Pumpernickelbrösel rollen bis die Kugel eine
einheitliche braune Oberfläche hat.

GRUNDMATERIALIEN FÜR DIE FISCHPLATTE

9 Kieler Sprotten, 100 g Makrelen, 75 g Surimi (gepresstes Krebsfleisch), 200 g Frutti di Mare,
7 Scheiben Räucherlachs

GARNITUR

einige Salatblätter, 6 Wachteleier, 7-8 Cocktailtomaten, 1 Zitrone

Im unteren Bereich der Platte die Kieler Sprotten leicht gestaffelt aufbringen.
Anschließend Makrelen diagonal in etwa 7 schräge Stücke schneiden und
im Uhrzeigersinn auf die Sprotten folgend anordnen. Danach
1 bis 2 Salatblätter als Farbkontrast auf die Platte legen, darauf
die diagonal halbierten Surimistücke (etwa 7) drapieren.

Frutti di Mare in kleine Gläschen füllen und im
Halbkreis auf die Platte stellen. Abschließend die
Räucherlachsscheiben mit der Falttechnik
(siehe Seite 15) aufbringen.

Wachteleier und Cocktailtomaten in kleinen
Gruppen im Bereich der Gläschen anordnen.
Zitrone in Spalten schneiden und ebenfalls
auf die Platte setzen.

[TIPP]

SOLLTEN Sie MIT DEM
GRUPPENWEISEN ANORDNEN
VON TRAUBEN, COCKTAILTOMATEN
ODER WACHTELEIERN
SCHWIERIGKEITEN HABEN, SO
EIGNEN SICH HOLZSPIESSCHEN
ALS FIXIERUNG. ACHTEN Sie
JEDOCH DARAUF, DASS
DIESE HILFSMITTEL
UNSICHTBAR BLEIBEN.

Exklusives Minibüfett

14 Scheiben Parmaschinken, 6 Putenspießchen, 9 halbierte Scheibchen Wildschweinpastete, 15 Scheiben Kalter Braten, 13 Scheiben Chambelle-Salami

GARNITUR

einige Lollo-Rosso-Blätter, 5 Tomatenrosen (siehe Seite 22), 7-8 grüne, gefüllte Oliven, einige Basilikumblätter

Parmaschinken am oberen Ende der Platte mit der Falttechnik (siehe Seite 15) auflegen. Anschließend am linken Plattenrand einige Lollo-Rosso-Blätter arrangieren und die Putenspießchen darauflegen.

Unterhalb des Parmaschinkens die halbierten Scheiben der Wildschweinpastete anordnen. Am unteren Ende der Platte beginnend, den kalten Braten in der Falttechnik (siehe Seite 15) legen, daran anschließend die Salami mit der gleichen Technik unterhalb der Putenspießchen drapieren.

Zum Abschluss die Tomatenrosen, die Oliven und einige Basilikumblätter in die verbliebene Lücke setzen.

[TIPP]

Weniger aufwändig aber genauso effektvoll sind einfache TOMATENSPALTEN statt der Rosen als Garnitur.

*Große Auswahl auf kleinem Raum. Diese gut vorzubereitenden
Platten sind gut gekühlt 2 bis 3 Tage haltbar.*

für 10-12 Personen

Exklusives Minibüfett

GRUNDMATERIALIEN FÜR DIE FISCHPLATTE

*16 Scheiben Barbecue-Lachsscheiben (im guten Fischhandel erhältlich), 3 ganze Regenbogenforellen,
150 g marinierte Cocktailgarnelen, 11 Scheiben Heilbutt, 2 ganze Stremellachse*

GARNITUR

einige Kopfsalatblätter, 4-5 Salbeiblätter, 2-3 Wachteleier, 5-6 Cocktailtomaten, etwas Dill

Barbecue-Lachs im linken oberen Bereich der Platte mit der Falttechnik (siehe Seite 15) anordnen. Regenbogenforelle rautenförmig zuschneiden (siehe Seite 20) und im Uhrzeigersinn ziegelartig aufbringen. Daneben den Stremellachs auf einigen Kopfsalatblättern platzieren.

Eine kleine Schale mit Cocktailgarnelen füllen, doch zunächst die Heilbuttscheiben mit der Falttechnik (siehe Seite 15) aufbringen, dabei eine ausreichend große Lücke für das Schälchen lassen. Die Lücke zwischen Barbecue-Lachs und Heilbutt mit Salbeiblättern füllen.

Abschließend das Schälchen mit den Garnelen einsetzen, Wachteleier vierteln und gemeinsam mit den Cocktailtomaten in die verbliebenen Freiräume dekorieren. Zum Abschluss mit einigen Dillzweigen ausgarnieren.

[TIPP]

UM *ein* VERRUTSCHEN DER GLASSCHALE WÄHREND DES TRANSPORTS ZU VERHINDERN, IST ES SINNVOLL, DIESE VOR DEM AUFBRINGEN MIT EINEM FRISCHKÄSETUFF AUF DER PLATTE ZU FIXIEREN.

GRUNDMATERIALIEN FÜR DIE KÄSEPLATTE
150 g Camembert, 14 Scheiben Basil-Gewürzkäse, 10 Scheiben Appenzeller, 10 Scheiben Stilton, 12 Scheiben Butterkäse, 6 Walnusstaler, 4 rote Baby-Bels

GARNITUR
einige Lollo-Rosso-Blätter, 70 g weiße Trauben, 4-5 Physalis, etwas Zitronenmelisse

Zunächst alle Käsescheiben diagonal halbieren. Camembert zu etwa 20 tortenförmigen Stückchen schneiden (siehe Seite 21) und diese in der unteren Ecke der Platte beginnend ziegelartig aufreihen. Anschließend am linken und rechten Rand die entstandenen Gewürzkäse- sowie Appenzellerdreiecke in jeweils 2 Reihen auf die Platte aufbringen.

Bei der Anordnung der Käsescheiben auf die Einhaltung von gleichmäßigen Abständen achten. Runde Stiltonscheiben halbieren und an der oberen Plattenspitze ebenfalls ziegelartig auflegen. Darunter ebenso mit den Butterkäsescheiben verfahren.

Auf die Mittelachse zur Abgrenzung einige Lollo-Rosso-Blätter geben und darauf die Walnusstaler, die weißen Trauben und die Physalis dekorieren. Garnitur mit den Zitronenmelisseblättchen abrunden. Abschließend Babybels neben den Gewürzkäsescheiben anordnen.

[TIPP]

ANSTATT *einer* KOM-PLETTEN **KÄSEPLATTE** WÄRE FÜR *ein* SOLCHES BÜFETTARRANGEMENT *auch* EINE AUSWAHL *an* KÄSE PETITS FOURS DENKBAR.

LÖFFELFOOD-BAR
SÜSS UND PIKANT

FEINE LACHSCREME

GRUNDMATERIALIEN

*350 g Frischkäsecreme mit Lachsgeschmack (z. B. von Philadelphia , alternativ Rezept siehe unten),
50 g frische Schlagsahne, 10 Garnelenschwänze ohne Schale*

GARNITUR
3 Cocktailtomaten, einige Dillspitzen

Frischkäsecreme mit der Schlagsahne vermengen, bis eine geschmeidige Masse entsteht.
Spritzbeutel mit einer Sterntülle versehen und die Masse auf einen Löffel dressieren.
Auf jeden Löffel ein Garnelenschwänzchen und eine geviertelte Cocktailtomate setzen.
Mit Dillspitzen ausgarnieren.

FRISCHKÄSECREME MIT LACHS
(ERGIBT ETWA 350 G)

150 g Lachs mit dem Pürierstab zerkleinern und mit 200 g Frischkäse
vermengen. Mit Pfeffer, Salz und einigen Spritzern Zitronensaft
abschmecken.

[TIPP]

ALS ALTERNATIVE ZUR
LACHSCREME *eignet sich
auch eine* CREME *aus*
GEKOCHTEM EIGELB, *wie
zum* BEISPIEL FÜR
GEFÜLLTE EIER.

Die Löffelbar ist auf jedem Büfett ein absoluter Blickfang. Da allerdings der Transport ein Risiko darstellt, ist es ratsam, die Löffel erst beim Kunden anzurichten.

für je 10 Löffel

bis 2 Tage im Voraus

Kühlung bis max. 7 °C

Löffelfood-Bar

Süss und Pikant

PIKANTER FRISCHKÄSE UND GEFLÜGEL

GRUNDMATERIALIEN

350 g Frischkäse mit Gemüse (z. B. von Philadelphia, alternativ Rezept siehe unten),
50 g frische Schlagsahne, 200 g gebratene Hähnchenbrust

GARNITUR

Grün von 1 Lauchzwiebel , 300 g Gemüsemais aus der Dose, einige Schnittlauchspitzen

Frischkäsecreme mit der Schlagsahne vermengen bis eine geschmeidige Masse entsteht. Diese in einen Spritzbeutel füllen, dabei jedoch auf eine Tülle verzichten, damit die feinen Stückchen in der Creme die Tülle nicht zusetzen. Creme gleichmäßig auf einen Löffel dressieren. Hähnchenbrust mit der Aufschnittmaschine in gleichmäßige Tranchen schneiden, diese nochmals diagonal mit dem Messer zerteilen. Anschließend schräg auf die Cremehäubchen setzen. Lauchzwiebelgrün in 0,5 cm dicke Ringe schneiden. Zusammen mit den Maiskörnern und den Schnittlauchspitzen als Garnitur aufbringen.

[TIPP]

FRISCHKÄSECREME MIT GEMÜSE

(ERGIBT ETWA 350 G)

Einen gelben Paprika in hauchfeine Würfel schneiden, mit 350 g Frischkäse vermengen. Abschließend mit gemischten Kräutern sowie Pfeffer und Salz abschmecken.

Bei den Schnittlauch-spitzen darauf achten, dass diese nicht zu grob oder lang sind, da sie auf einen Bissen zu verzehren sein müssen.

ZITRONENMOUSSE FÜR LECKERMÄULER

GRUNDMATERIALIEN
Zitronenmousse (Fertigprodukt in Haushaltsgröße, alternativ Rezept siehe unten)

GARNITUR
Melonenbällchen aus der Dose, 4 Erdbeeren, einige Zitronenmelisseblättchen

Fertig zubereitete Mousse in einen Spritzbeutel mit Lochtülle füllen und gleichmäßig auf die Löffel dressieren. Mit jeweils einer geviertelten Erdbeere, einer halbierten Melonenkugel sowie einem Blättchen Zitronenmelisse ausgarnieren.

ZITRONENMOUSSE (ERGIBT ETWA 350 G)

GRUNDMATERIALIEN
600 g Vollmilchjoghurt, Saft und Schale von 2 Biozitronen,
150 g Zucker, 400 g Sahne, 1 ½ Päcken Gelatine, gemahlen

Joghurt, Saft und Schale der Zitrone mit Zucker mischen, erst Gelatine, dann Schlagsahne unterheben. Gut kühlen und fest werden lassen.

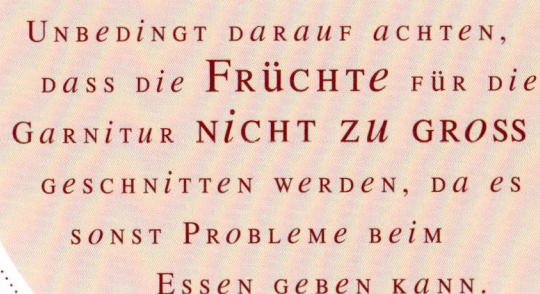

[TIPP]

UNBEDINGT DARAUF ACHTEN, DASS DIE **FRÜCHTE** FÜR DIE GARNITUR NICHT ZU GROSS GESCHNITTEN WERDEN, DA ES SONST PROBLEME BEIM ESSEN GEBEN KANN.

Leckereien
AUF STUFEN

GRUNDMATERIALIEN

Kokosmousse (Fertigprodukt in Pulverform), Paprikaantipasti, Hackfleischtörtchen mit Chilifäden,
Häppchen von Omas Käsekuchen (alternative Rezepte siehe Seite 110/111),
Möhren-Kokos-Creme mit pikanter Waffel (Rezept siehe Seite 40)

GARNITUR

kleine Gartennelken (im gut sortierten Obst- und Gemüsefachhandel erhältlich),
Pfefferminzblätter, Basilikumblättchen, 100 g Frischkäse, 6 Cocktailtomaten, Rosmarinnadeln,
Chilifäden, Streu von getrockneten Kornblumen, Käsewaffeln, Schnittlauchhalme

Kokosmousse nach Packungsanleitung anrühren oder nach Grundrezept zubereiten.
Mit Hilfe eines Spritzbeutels in Förmchen dressieren und jeweils mit einer Gartennelke sowie
einem Minzblättchen garnieren. Vorbereitete Antipasti in Glasförmchen einfüllen und mit
Basilikumblättchen dekorieren. Hackfleischbällchen nach Anleitung zubereiten.

Fertige Hackfleischtörtchen in vorbereitete Glasschälchen setzen, anschließend mit Hilfe eines
Spritzbeutels kleine Frischkäsehäubchen aufdressieren sowie mit geviertelten Cocktailtomaten,
einzelnen Rosmarinhalmen und Chilifäden verzieren.

Käsekuchen fertig vom Konditor kaufen oder selbst backen. Dann in mundgerechte Häppchen
zuschneiden, mit einem Dekor aus geschlagener Sahne versehen und mit Kornblumenstreu
ausgarnieren. Möhren-Kokos-Creme nach Rezeptangaben zubereiten. Anschließend in vorbereitete hohe Gläschen füllen und mit Käsewaffeln und Schnittlauchhalmen dekorieren.

Diese Stufenpräsentation ist auf jedem Büfett ein Blickfang, achten Sie jedoch darauf,
dass die Stufen stets gut bestückt sind, da sonst der Gesamteindruck schnell leidet.

für 6 Personen

bis 1 Tag im Voraus

Kühlung bis max.
7 °C

Leckereien

AUF STUFEN

PAPRIKA-ANTIPASTI (ERGIBT ETWA 750 G)

1 rote Paprika, 1 gelbe Paprika, 1 grüne Paprika, 4 EL Olivenöl, 50 g Anchovis, 30 g Butter,
1 Zweig Salbei, 1 Knoblauchzehe, Salz, Pfeffer

Paprika waschen, entkernen, kleinschneiden und auf ein geöltes Blech legen.
Aus kleingeschnittenen Anchovis, Butter, kleingeschnittenem Salbei und zerdrücktem Knoblauch
eine Paste rühren. Auf jedes Paprikastückchen ein wenig von der Paste geben, mit Salz und
Pfeffer würzen und im Backofen bei 200 °C etwa 15 Minuten backen.

HACKFLEISCHTÖRTCHEN

(ERGIBT ETWA 10 TÖRTCHEN)

500 g Hackfleisch, Salz, Pfeffer, Paprikapulver

Die Törtchen können gut einen Tag im Voraus vorbereitet werden. Hackfleisch mit den
Gewürzen nach Belieben abschmecken. Die Masse in kleine Muffin-Förmchen (möglichst aus
Silikon) streichen und im Backofen bei 200 °C etwa 20 - 25 Minuten backen.
Anschließend Förmchen stürzen und abkühlen lassen.

KOKOSMOUSSE (ERGIBT ETWA 650 G)

3 Blatt weiße Gelatine, 4 Eiweiß , 80 g Zucker, 100 g Kokosraspel, 250 g Crème fraîche, 100 g Sahne

Gelatine in einer Schüssel mit kaltem Wasser einweichen. Eiweiß und Zucker zu steifem Schnee
schlagen und die Kokosraspel unterheben. Crème fraîche mit der Sahne glatt rühren.
Gelatine tropfnass in ein Pfännchen geben, 2 EL Kokoslikör dazu geben und die Gelatine bei
schwacher Hitze erwärmen, bis sie sich auflöst (nicht zu heiß werden lassen, sonst kann sie
nicht mehr gelieren). Mit etwa 2 EL von der Creme verrühren, dann unter die ganze Creme
mischen. Den Eischnee unterheben. Mousse in Förmchen oder Gläser füllen und 4 Stunden im
Kühlschrank fest werden lassen.

KÄSEKUCHEN (ERGIBT 1 BLECH)

TEIG
350 g Mehl, 125 g Zucker, Abrieb einer unbehandelten Zitrone, 200 g zimmerwarme Butter, 1 Ei

BELAG
1750 g Sahnequark, 275 g Zucker, Saft einer Zitrone, 8 Eier, 4 Eigelb, 100 g Speisestärke

FERTIGSTELLUNG
evtl. 150 g Rosinen

Mehl auf eine Arbeitsfläche sieben, mit Zucker und Zitronenabrieb bestreuen, Butter
in kleinen Flöckchen darauf verteilen, Ei zugeben und einen Mürbeteig kneten. Teig in Folie
wickeln und 1 Stunde im Kühlschrank ruhen lassen.

Teig bis auf einen kleinen Rest ausrollen, ein gefettetes Blech damit auslegen, einige Male
einstechen und im vorgeheizten Backofen bei 200 °C etwa 20 Minuten hell vorbacken.

Sahnequark mit Zucker, Zitronensaft, Eiern, Eigelben und
Speisestärke zu einer glatten Masse rühren.

Vorgebackenen Teig etwas abkühlen lassen, den restlichen Teig
als Rand nutzen, nach Belieben Rosinen auf den Teig streuen,
den Belag darauf verteilen und 15 Minuten bei 200 °C backen.
Dann auf 100 °C zurückschalten und Kuchen weitere
60 bis 70 Minuten fertig backen.

*Diese Fischplatte ist sehr gut haltbar, da sie aus geräucherten und
vorgegarten Elementen besteht. Dennoch ist eine Kühlung unverzichtbar.*

für 6-8 Personen

Bunte Fischplatte

GRUNDMATERIALIEN

14 Scheiben Fischpastete von 3 verschiedenen Fischen (bei guten Fischhändlern als Fertigprodukt erhältlich)
(1 cm dick), 10 Surimistückchen (gepresstes Krebsfleisch), 12 Scheiben Graved Lachs,
12 Forellenstücke, 10 Fischtaler (paniert und gegart als Fertigprodukt erhältlich), 150 g Fischfrikadellen
(als Fertigprodukt erhältlich), etwas Remoulade

GARNITUR

einige Salatblätter, 6 Zitronenspalten, 30 g Feldsalat, 5 Tomatenrosen (siehe Seite 22),
10-12 Cocktailtomaten, etwas Dill

Porzellanplatte zur Kontrastbildung mit Salatblättern belegen. Fischpastetenscheiben am linken Rand der Platte aufreihen. Surimistückchen schräg halbieren und im Uhrzeigersinn leicht gestaffelt an die Pastetenscheiben anlegen. Lachsscheiben auf die Pastetenstückchen sowie das Surimi drapieren. Forellenstücke rautenförmig zuschneiden (siehe Seite 20) und im Anschluss an den Lachs ährenförmig anordnen.

Fischtaler sowie Fischfrikadellen gruppenweise in den beiden Ausbuchtungen der Platte anordnen. Dazwischen ein Schälchen mit Remoulade platzieren. Die verbliebenen Lücken mit Zitronenspalten, Feldsalatblättchen, Tomatenrosen sowie Cocktailtomaten füllen. Remoulade abschließend mit etwas Dill verzieren.

Köstliches

Aus Neptuns Reich

GRUNDMATERIALIEN

20 Kieler Sprotten, 2 Knoblauchmakrelen, 7 Surimistücke (gepresstes Krebsfleisch), 1 Räucheraal,
3 Scheiben Pfeffermakrele, 14 Scheiben Räucherlachs

GARNITUR

einige Blätter Eichblattsalat, 1 Salatgurke, 8 Wachteleier, 10 Cocktailtomaten,
1 Zitrone, einige Salbeiblätter

Am oberen Ende der Platte beginnen und die Kieler Sprotten in drei Reihen von außen nach innen gestaffelt auf die Platte legen. Für einen kontrastreichen Übergang nach unten einige Blätter des Eichblattsalates auslegen, darauf auf der rechten Seite die halbierten Knoblauchmakrelen, ebenfalls in gestaffelten Reihen, platzieren. Surimistücke diagonal halbieren und links neben den Makrelen anordnen.

Räucheraal in etwa 9 Stücke schneiden und unterhalb der Makrelen auf der linken Seite der Platte in zwei Reihen gestaffelt aufbringen. Pfeffermakrelenscheiben halbieren und ans untere Ende der Platte drapieren. In die entstandene Lücke zwischen Pfeffer- und Knoblauchmakrelen die Räucherlachsscheiben mit der Falttechnik (siehe Seite 15) legen.

Aus der Salatgurke zwei Gurkenfedern schneiden (siehe Seite 23) und diese im freigebliebenen Zentrum der Platte platzieren. Wachteleier kochen und schälen und neben den Gurkenfedern anordnen.

Daneben Cocktailtomaten sowie die in Spalten geschnittene Zitrone drapieren. Verbliebene Lücken mit den Salbeiblättern füllen.

[TIPP]

Um die Kosten für die Platte möglichst gering zu halten, sollte man von allzu aufwändigen Schnitzereien absehen.

für 8-10 Personen

bis 2 Tage im Voraus

Kühlung bis max.
7 °C

etwa 10 Personen

4 Tage im Voraus

Kühlung bis max.
7 °C

FLUSSKREBSSCHWÄNZCHEN-
COCKTAIL

GRUNDMATERIALIEN
*1 reife Mango, 1 reife Avocado, 125 g Flusskrebsschwänzchen, 125 g Crevettenfleisch,
2 EL Weißweinessig, 1 TL Tomatenketchup, 5 EL Distelöl, Salz, Pfeffer, 50 g Sahne, 50 g Crème fraîche*

GARNITUR
*einige Blätter Eisbergsalat oder Lollo Bionda, 9-10 Cocktailtomaten, 6-7 hartgekochte Wachteleier,
einige Schnittlauchhalme*

Mango und Avocado schälen. Beides entsteinen, in Spalten schneiden und schließlich fein
würfeln. Flusskrebsfleisch klein schneiden und mit den Crevetten zu den Fruchtwürfeln geben.

Essig, Ketchup, Öl und etwas Salz sowie Pfeffer, Sahne und Crème fraîche gut verquirlen,
abschmecken und unter die Flusskrebs-Crevettenmischung rühren.

Je etwa 50 g der Masse in kleine Stielgläser füllen und mit Salatblättern, halbierten
Cocktailtomaten, halbierten Wachteleiern und Schnittlauchhalmen garnieren.

[TIPP]

SOLLTEN KEINE FLUSSKREBS-
SCHWÄNZCHEN VERFÜGBAR
SEIN, KÖNNEN DIESE AUCH
DURCH KLEINE RÄUCHER-
LACHSWÜRFELCHEN
ERSETZT WERDEN.

Sushiplatte

GRUNDMATERIALIEN FÜR DIE GURKEN-LACHSTÖRTCHEN (16 STÜCK)
*2 Salatgurken, 8 Scheiben Räucherlachs, 300 g gekochter Klebreis, etwas Salz,
einige Schnittlauchhalme, 30 g Lachsrogen*

*14 Nigiri (Ballensushi) mit Amaebi (rohe Tiefseegarnele), 14 Nigiri mit Masu-Lachs,
18 Hoso-Maki (mit Nori-Blättern umwickelte Reisrollen, gefüllt mit Gurke oder Karotte),
8 Kani-Sushi (mit Surimi gefüllte Sushi), 150 g Krebsfleisch*

GARNITUR
*Lollo-Rosso-Blätter, Schälchen mit Wasabi (scharfer grüner Meerrettich),
Schälchen mit dünn geschnittenem Ingwer, Schälchen mit Sojasauce, Dill*

Für die Gurken-Lachstörtchen die Salatgurken in 16 gleichmäßige Stücke von etwa 2 cm Dicke
schneiden. Diese anschließend mit dem Melonenentkerner vorsichtig aushöhlen.

Den Räucherlachs ebenfalls in 16 gleichmäßige Scheiben schneiden, anschließend
1 TL leicht gesalzenen Klebreis darin einwickeln. Zur Stabilisierung einen Schnittlauchhalm fest
um das Röllchen wickeln und dieses in das ausgehöhlte „Gurkenschälchen" setzen.

Die Törtchen abschließend mit Dill und Lachsrogen dekorieren. Fertige Lachstörtchen
am äußeren Rand der runden Platte aufreihen, jedoch eine Lücke für die Schälchen aussparen.
Anschließend abwechselnd die Amaebi-Nigiri und die Masu-Lachs-Nigiri ebenfalls in einem
geöffneten Kreis auf die Platte legen.

Auf die gleiche Weise die Hoso-Maki sowie die Kani-Sushi anordnen. Loses Krebsfleisch im
Zentrum der Platte platzieren. In den ausgesparten Bereich einige Lollo-Rosso-Blätter drapieren,
darauf die gefüllten Schälchen anordnen. Verbliebene Lücken mit Dill und den restlichen
Schnittlauchhalmen ausgarnieren.

TIPP: Sushi selbst zuzubereiten lohnt sich wegen des beträchtlichen Zeitaufwandes eher
weniger. Gutes und vor allem fix und fertig zubereitetes Sushi erhalten Sie jedoch über gute
Fischhandlungen oder Sie bestellen diese einfach beim Japaner.

Sushi ist ein japanisches Gericht, das hauptsächlich aus kaltem, gesäuerten Reis besteht. Oftmals wird auch roher oder gerösteter Fisch sowie Nori-Blätter (getrockneter oder gerösteter Seetang) verarbeitet. Üblicherweise wird Sushi in mundgroße Stücke geschnitten und serviert. Es versteht sich somit von selbst, dass diese Fischvarianten stets so frisch wie möglich sein sollten.

für 10 Personen

Die einfachen, köstlichen Matjesröllchen lassen sich sehr gut vorbereiten.
Allerdings sollten die Apfelscheiben gut mit Zitrone behandelt werden,
so sind die Röllchen etwa 2 bis 3 Tage haltbar.

für 20 Personen

Gefüllte Matjesheringe
AUF APFELSCHEIBEN

GRUNDMATERIALIEN
20-25 in Öl eingelegte Matjesstücke, 2-3 feste, säuerliche Äpfel (Granny Smith),
Saft einer Zitrone, 400 g Preiselbeeren aus dem Glas

GARNITUR
etwas Dill

Die Matjesstücke abtropfen lassen und gut mit Küchenrolle abtupfen.
Äpfel schälen, Kerngehäuse entfernen und mit der Aufschnittmaschine vorsichtig in etwa
1 cm dicke Scheiben schneiden. Sofort mit dem Zitronensaft bestreichen, damit die
Scheiben nicht braun werden.

Matjesscheiben jeweils der Länge nach mittig halbieren und kreisförmig auf die
Apfelscheiben setzen. Preiselbeeren mit dem Teelöffel in die Mitte der Röllchen geben
und mit Dill garnieren.

[TIPP]

ERSETZT MAN DEN APFEL
DURCH SALATGURKENSCHEIBEN
UND FÜLLT DIE RÖLLCHEN
MIT MATJES-EIERSALAT SO
ERHÄLT MAN EINE
LECKERE VARIANTE
FÜR VORSPEISENTELLER.

Räucherfischplatte

GRUNDMATERIALIEN
15 Kieler Sprotten, 250 g Räuchermakrelen, 500 g Stremellachs,
3 kleinere Schillerlocken, 5 Rauten Forellencreme

FÜR DIE RAUTEN (ERGIBT ETWA 15 STÜCKE)
150 g Räucherforelle, 1 EL Zitronensaft, 4 Blatt weiße Gelatine,
100 g Sahne, 20 ml Sherry, rautenförmige Ausstechform

GARNITUR
4 Zitronenspalten, einige Schnittlauchhalme, einige Salbeiblätter

Mit der Herstellung der Forellenrauten beginnen, da diese etwa 1 Stunde Kühlzeit benötigen.
Zunächst die geräucherte Forelle pürieren und den Zitronensaft unterrühren.
Gelatine nach Packungsanleitung einweichen und auflösen. Sahne steif schlagen, anschließend
vorsichtig Sherry und Gelatine unterrühren.

Zum Fischpürree geben und zu einer homogenen Masse vermengen.
Eine flache Schale mit Frischhaltefolie ausschlagen und die Forellenmasse gleichmäßig aufstreichen.
Alles etwa 1 Stunde auskühlen lassen, danach mit Hilfe einer Ausstechform Rauten herstellen.
Während der Kühlzeit der Fischmasse mit dem Legen der Platte beginnen.

Zunächst auf der linken Seite der Platte starten und die Kieler Sprotten leicht gestaffelt
in drei Reihen aufbringen. Makrelen und Stremellachs in 6 bzw. 7 gleichmäßige
Stücke schneiden und im Anschluss an die Sprotten gruppenweise und ebenfalls leicht
gestaffelt auf die Platte geben.

Schillerlocken schräg in 9 gleichmäßige Rauten schneiden und damit den verbliebenen
rechten Teil der Platte auslegen. Abschließend die Forellenrauten dekorativ auf die
Makrelenstückchen setzen und die Platte mit Zitronenspalten, Schnittlauchhalmen und
Salbeiblättern ausgarnieren.

TIPP: Es bietet sich an, gleich eine größere Anzahl der Forellenrauten herzustellen, um
immer eine kleine Menge vorrätig zu haben, denn die Rauten eignen sich auch hervorragend
als Belag für Kanapees.

6 bis 8 Personen

2 Tage im Voraus

Kühlung bis max.
7 °C

Gemischte Fischplatte
MIT KAPUZINERKRESSE

GRUNDMATERIALIEN
400 g geräucherte Wildlachsscheiben, 500 g geräucherte Regenbogenforellen, 150 g Nordseekrabben,
250 g geräucherter Heilbutt, 200 g marinierte Flusskrebsschwänzchen

GARNITUR
einige Salatblätter, 1 Zitrone
5-6 Salbeiblätter, 8-10 Blüten Kapuzinerkresse

Platte reinigen und die Wildlachsscheiben mit der Falttechnik (siehe Seite 15) auflegen. Die Regenbogenforelle in rautenförmige Stücke schneiden und gestaffelt dem Uhrzeigersinn folgend anlegen.

Auf der gegenüberliegenden Seite mit den Salatblättern eine optische Abgrenzung vornehmen und die Nordseekrabben darauf drapieren. Direkt angrenzend die Heilbuttscheiben ebenfalls mit der Falttechnik auflegen (siehe Seite 15).

In der verbleibenden Lücke zwischen Heilbutt und Forelle 2 Schälchen mit marinierten Flusskrebsschwänzchen positionieren. Den Mittelpunkt der Platte bilden die, in gleichmäßige Spalten geschnittene Zitrone, die Salbeiblätter sowie die Blüten der Kapuzinerkresse.

[TIPP]

Da Kapuzinerkresse nur in den SOMMERMONATEN verfügbar ist, sind TOMATENROSEN für alle anderen Jahreszeiten eine gute Garnituralternative.

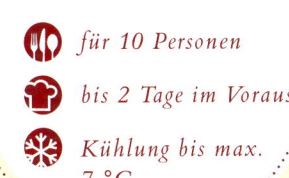

für 10 Personen

bis 2 Tage im Voraus

Kühlung bis max.
7 °C

für 8-10 Personen

1-2 Tage im Voraus

Kühlung bis max.
7 °C

Lachstörtchen

AUF GELATINESPIEGEL

GRUNDMATERIALIEN
*2 l Aspik, 6 Blatt Gelatine, 250 g geräuchertes Lachsfilet, 100 ml Fischfond (aus dem Glas),
Salz, Pfeffer, 150 g Sahne, 200 g Lachsfrischkäsecreme*

GARNITUR
5 Kirschtomaten, 10 kleine Basilikumblättchen

Eine tiefe Schale mit flüssiger Gelatine (Aspik) befüllen und mindestens 2 Stunden kühlen.
Anschließend 6 Blatt Gelatine in reichlich kaltem Wasser einweichen, geräuchertes Lachsfilet
grob würfeln und dabei eventuell vorhandene Gräten entfernen. Den Fond in einem
Topf erhitzen, Lachs darin zugedeckt bei schwacher Hitze etwa 5 Minuten garen, die entstandene
Masse mit dem Pürierstab zerkleinern.

Das Püree mit Salz und Pfeffer würzen. Gelatine ausdrücken und mit der warmen Masse
verrühren. Das Püree kühlen, sobald es fest zu werden beginnt, die Sahne steif schlagen und unter
die Lachsmasse heben.

Die Lachsmousse in kleine Förmchen einfüllen und mindestens
3 Stunden kühlen. Die Törtchen anschließend stürzen, auf die
Schale mit dem Aspikspiegel setzen und mit Lachsfrischkäsecreme ein Häubchen aufspritzen.

Mit Kirschtomatenspalten und Basilikum garnieren.

[TIPP]

Dieses Arrangement stellt
als Bestandteil eines kalten
Büfetts einen besonderen
Blickfang dar, die Einzel-
törtchen eignen sich ausserdem
gut für Vorspeistenteller.
Für grössere Veranstaltungen
lassen sich die Törtchen
sehr gut vorbereiten.

*Diese leckere Platte besteht nur aus Fischvarianten die hervorragend
zum Grillen geeignet sind. Um bei sommerlichen Temperaturen die
Haltbarkeit des Frischfisches zu verlängern, kann die Keramikplatte
vor dem Belegen für kurze Zeit im Gefrierraum gelagert werden.*

für 6-8 Personen

Fischvariationen
ZUM GRILLEN

GRUNDMATERIALIEN
*5 marinierte Heilbuttspieße, 28 Garnelen, 10 marinierte Seezungenröllchen, 9 Stücke Stremellachs,
5 gefüllte Pulpos (Tintenfische), 250 g Jakobsmuscheln*

GARNITUR
75 g Feldsalat, einige Blätter Eichblattsalat, etwas Dill und eine Blüte

Etwa die Hälfte der Platte mit Eichblattsalatblättern belegen und darauf, auf der rechten
Seite beginnend, die Heilbuttspießchen platzieren. Die Garnelen auf 4 Spieße geben und dem
Uhrzeigersinn folgend auf der Platte anordnen, anschließend die Seezungenröllchen.

Darauffolgend den Stremellachs leicht versetzt drapieren.
Die Pulpos in die verbliebene Lücke setzen, dann eine kleine Schale mit den Jakobsmuscheln
füllen und ins Zentrum der Platte stellen.

Die Übergänge zwischen Schale und Fisch mit Feldsalatblättern kaschieren.
Abschließend mit einigen Dillzweigen und der Blüte garnieren.

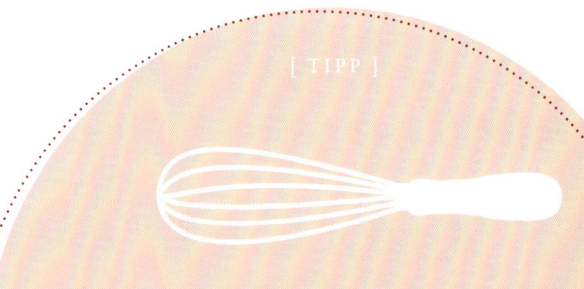

[TIPP]

SOLLTEN SIE KEINE
DILLBLÜTEN ZUR HAND
HABEN, ALS ERSATZ EINFACH
EINIGE ZITRONENSCHNITZE
UND SCHNITTLAUCHHALME
VERWENDEN.

*Die leckeren und pikanten Törtchen beeindrucken auf jedem Fingerfood-Büfett.
Sie sollten allerdings erst kurz vor dem Verzehr hergestellt werden, da bei einer
Lagerzeit von über 24 Stunden die Mürbteigschälchen leicht aufweichen können.*

für 15 Personen

Frischkäsecremetörtchen

GRUNDMATERIALIEN

verschiedene Mürbteigschälchen, 600 g Frischkäse, 200 g Roquefort, 75 g Lachs-Kaviar,
150 g mexikanischer Tomatendip (Fertigprodukt, alternativ siehe Rezept unten)

GARNITUR

8-10 grüne Oliven (gefüllt), 5-6 Cocktailtomaten, 5-6 Karottenbällchen aus der Dose,
18-20 Stück pikantes Knabbergebäck, etwas Dill

ROQUEFORTDIP

Roquefort zunächst mit einer Gabel fein zerkleinern, dann mit dem Rührgerät zerquirlen.
Nach und nach 200 g Frischkäse zugeben, so dass eine geschmeidige Masse entsteht.

TOMATENDIP

200 g Frischkäse mit dem Rührgerät aufschlagen und den Tomatendip hinzugeben.

KAVIARDIP

Roten Kaviar mit den restlichen 200 g Frischkäse verrühren.

Die Dips in Spritzbeutel füllen und kreisförmig in die Törtchen eindressieren.
Für die Kaviar-Frischkäse-Törtchen jedoch eine Lochtülle verwenden. Oliven halbieren,
Tomaten sowie Karottenbällchen vierteln und zusammen mit Dill und Knabbergebäck
nach Belieben auf die Törtchen dekorieren.

MEXIKANISCHER SALSA-DIP (ERGIBT ETWA 750 G)

200 g Zucchini, 200 g gemischte Paprika, 4 klein gewürfelte Zwiebeln, 100 ml Curry-Ketchup,
100 ml Tomatenketchup, 4 EL Sonnenblumenöl, 1 TL Worchestersauce, 3 Tropfen Tabasco, Salz, Pfeffer

Das gesamte Gemüse in kleine Würfel oder Streifen schneiden. Ketchups und Öl aufkochen,
das Gemüse dazugeben und die Sauce köcheln, bis das Gemüse weich und eine feine Salsa
entstanden ist. Mit Salz, Pfeffer, Worcester und Tabasco abschmecken.

TIPP: Frischkäse lässt sich auf viele verschiedene Arten variieren. Sternrosetten jedoch nur zum
Eindressieren sehr feiner Cremes verwenden, da grobe Stückchen die Rosette verstopfen können,
dies führt möglicherweise zu einem uneinheitlichen Spritzbild.

KÄSEFREUDEN
DEFTIG

GRUNDMATERIALIEN
*250 g Camembert, 9 Käsekugeln (Rezept siehe unten), 4 Scheiben Esrom, 250 g Chaumes,
250 g französischer Rosmarinkäse, 200 g Bavaria Blue, 5 Scheiben Beauzac, 6 Walnusstaler*

GARNITUR
*einige Blätter Eichblattsalat, 3 Weinblätter, 100 g weiße Trauben , 10 Physalis, 1 roter Apfel,
etwas Zitronensaft, einige Pfefferminzblätter*

Camembert in etwa 20 tortenförmige Stücke schneiden (siehe Seite 21). Diese gestaffelt und leicht versetzt am oberen Ende der Platte auflegen. Rechts daneben einige Blätter Eichblattsalat drapieren, darauf die Käsekugeln geben. Esrom diagonal halbieren, so dass 8 Dreiecke entstehen. Chaumes in 12 kleine Ecken, Rosmarinkäse in etwa 6 Ecken, Bavaria Blue in etwa 5 Ecken schneiden. Käsestücke anschließend dem Uhrzeigersinn folgend, von außen nach innen gestaffelt auf die Platte geben.

Zwischen den einzelnen Käsesorten jeweils einen kleinen Abstand lassen. Diese Lücken als Kontrast mit einigen Blättern des Eichblattsalates füllen. Die Scheiben des Beauzac halbieren und zweireihig links neben die Stücke des Bavaria Blue legen. Die verbliebene Lücke zwischen Camembert und Beauzac mit Eichblattsalat auslegen und darauf die Walnusstaler positionieren.

Im Zentrum der Platte die Weinblätter auslegen, darauf zunächst die Weintrauben sowie die Physalis anordnen. Den Apfel zu „Federn" schneiden (siehe Seite 23), mit Zitronensaft beträufeln und zwischen die Früchte dekorieren. Abschließend mit Pfefferminzblättern ausgarnieren.

KÄSEKUGELN (ERGIBT ETWA 1000 G)

*200 g Pumpernickel, 250 g Butter, 500 g geriebener Hartkäse (Gouda, Emmentaler, Appenzeller),
2 Bund Schnittlauch, Salz, Pfeffer, etwas Paprikapulver*

Pumpernickel so fein wie möglich zerbröseln. Butter und Hartkäse mit einer Reibe zerkleinern, Schnittlauch zu kleinen Röllchen schneiden. Zutaten zu einer homogenen Masse vermengen und mit Salz, Pfeffer und Paprika abschmecken.

Anschließend gleichmäßige Kugeln formen und durch die Pumpernickelbrösel rollen bis die Kugel eine einheitliche braune Oberfläche hat.

etwa 10 Personen

2-3 Tage im Voraus

Kühlung bis max.
7 °C

für 8-10 Personen

2 Tage im Voraus

Kühlung bis max.
7 °C

Käsekomposition

DEFTIG

GRUNDMATERIALIEN

*150 g Bonifaz natur, 150 g Schmelzkäserolle mit Lachs, 8 Scheiben Butterkäse (3 mm dick), 200 g Chaumes,
8 Scheiben Esrom (3 mm dick), 150 g Camembert, 150 g Französischer Aschekäse, 8 Scheiben Beauzac (3 mm dick),
1 Scheibe Emmentaler (1 cm dick), 7 bis 8 Tête-de-Moine-Röschen*

GARNITUR

*2 Salatherzen, 8-10 schwarze Oliven, 10-12 Rauchmandeln, jeweils ½ Paprikaschote rot, gelb, grün,
10 Radieschen, einige Liebstöckelblätter, 2-3 Thymianblüten*

Bonifaz in etwa 7 gleichmäßige Stücke schneiden und in einer Reihe in die linke obere Ecke der Platte setzen. Anschließend einige Blätter der Salatherzen waschen und auf den Bonifaz legen. Darauf wiederum die in Scheiben geschnittene Schmelzkäserolle drapieren. Butterkäsescheiben diagonal halbieren und dem Uhrzeigersinn folgend zweireihig anordnen.

Daran anschließend eine schmale Lücke lassen, den Chaumes in etwa 8 gleichmäßige Stücke schneiden und diese in zwei Reihen auf die Platte bringen. Esromscheiben diagonal halbieren und die entstandenen Dreiecke im Uhrzeigersinn in drei Reihen anordnen. Camembert in tortenförmige Stücke schneiden (siehe Seite 21). In einer Reihe von außen Richtung Zentrum auflegen, auf die selbe Weise die den Französischen Aschekäse.

Beauzac ebenfalls diagonal halbieren. Dann die Legerichtung wechseln und entgegen des Uhrzeigersinns unterhalb des Bonifaz und der Lachsröllchen die Beauzac-Dreiecke anlegen. Emmentaler in kleine Würfel schneiden und als Gruppe im oberen Bereich des Zentrums positionieren. Um den Kreis zu schließen, die frei gebliebene Lücke mit Blättern der Salatherzen auskleiden, darauf die Tête-de-Moine-Röschen platzieren.

Radieschen waschen, leicht einölen und damit die Spalte zwischen Butterkäse und Chaumes schließen. Das Zentrum der Platte mit Rauchmandeln und Oliven ausfüllen, außerdem die verschiedenfarbigen Paprikaschoten zu blätterförmigen Stücken schneiden und abwechselnd aufschichten. Mit Liebstöckelblättern und Thymianblüten ausgarnieren.

TIPP: Zur Herstellung von Tête-de-Moine-Röschen ist normalerweise eine verhältnismäßig teure Girolle nötig, im Einzelhandel sind jedoch auch Packungen mit fertigen Röschen erhältlich.

Käseplatte

RUSTIKAL

GRUNDMATERIALIEN

200 g Camembert, 8 Babybel, 8 Scheiben Esrom, 6 Scheiben Butterkäse (4 mm dick), 100 g Höhlenkäse,
200 g Blauschimmelkäse, 5 Scheiben Appenzeller, 150 g Paprikafrischkäse,
150 g Käsekugeln (Rezept siehe Seite 132)

GARNITUR

4 bis 5 Weinblätter, 100 g weiße Trauben, 3 Scheiben Zebrabrot (Rezept siehe Seite 76),
10 Walnusshälften, einige Schnittlauchhalme

Camembert in tortenförmige Stückchen schneiden (siehe Seite 21) und leicht gestaffelt auf die Glasplatte drapieren. Babybels vom mittleren Teil der Wachsschale befreien und neben dem Camembert anordnen. Esrom-Scheiben diagonal halbieren, so dass Dreiecke entstehen, dann ährenförmig (siehe Seite 20) im Uhrzeigersinn auf die Platte auflegen.

Butterkäsescheiben diagonal halbieren, die so entstandenen Dreiecke in gleichmäßigem Abstand in 2 Reihen auf die Platte legen. Blauschimmelkäse ebenfalls in tortenförmige Stücke schneiden und diagonal zum Camembert leicht gestaffelt auf die Platte aufbringen.
Die entstandene Lücke zwischen Butterkäse und Blauschimmelkäse mit Weinblättern auslegen, Höhlenkäse mit einem Buntmesser zu Rechtecken schneiden und diese auf die Weinblätter drapieren.

Anschließend erneut eine Reihe ährenförmig gelegter Esrom-Scheiben anlegen. Vom Camembert ausgehend diagonal geschnittene Appenzeller-Ecken in 2 Reihen platzieren. Lücke zwischen Esrom und Appenzeller wiederum mit Weinblättern auslegen.
In die Mitte des Arrangements ein mit Paprikafrischkäse gefülltes Porzellanschälchen platzieren.

Die verbleibenden Zwischenräume mit Zebrabrotstreifen, Käsekugeln sowie weißen Weintrauben füllen. Abschließend Walnusshälften aufbringen und das Porzellanschälchen mit den Schnittlauchhalmen garnieren.

[TIPP]

WEINBLÄTTER IM HERBST SAMMELN, WASCHEN UND SORGFÄLTIG TROCKEN TUPFEN. Jeweils 5-6 Blätter in Folie VAKUUMIEREN. Auf diese Weise konservierte Blätter sind mehrere Monate haltbar.

für 8-10 Personen

2-3 Tage im Voraus

Kühlung bis max.
7 °C

*Diese sehr einfach herzustellende Käseplatte erfordert keine speziellen
Techniken und ist deshalb auch für sehr wenig Geübte machbar. Es
sollte jedoch auf eine saubere und exakte Ausführung geachtet werden.*

für 10 Personen

„Käse-Petits-Fours"

GRUNDMATERIALIEN

10 Schmelzkäseröllchen mit Kräutern, 10 Schmelzkäseröllchen mit Lachs, 12 fertig befüllte Käsepralinen,
11 Bonifazstückchen mit Chili, 11 Bonifazstückchen mit Champignons, 5 Käse-Walnusstaler

GARNITUR

200 g Frischkäse, 5-6 Cocktailtomaten, 4-5 grüne Oliven, etwas Schalottengrün

Von den verschiedenen Käsesorten jeweils gleichmäßige Stückchen abschneiden und diese
in Reihen in ebenfalls gleichmäßigen Abständen auf die Platte setzen. Frischkäsecreme in einen
Spritzbeutel füllen und die Schmelzkäserollen sowie die Bonifazstücke mit einem
Frischkäsehäubchen versehen.

Cocktailtomaten und Oliven halbieren und nach Belieben auf die Petits Fours dekorieren.
Schalottengrün zu rautenförmigen Blättchen schneiden und ebenfalls auf die Käsestückchen geben.

[TIPP]

DIESE ART DER KÄSEPLATTE
PASST BESONDERS GUT ZU EINEM
GRÖSSEREN BÜFETT, DA SO KÄSE
OHNE GROSSEN AUFWAND
UND VOR ALLEM WIRTSCHAFTLICH
EFFEKTIV PRÄSENTIERT
WERDEN KANN.

KNACKIGE ROHKOST

MIT FEINEM QUARKDIP

GRUNDMATERIALIEN

100 g frische Kräuter nach Belieben (Schnittlauch, Dill, Liebstöckel, Majoran etc.), 500 g Magerquark, 100 g Salatgurke, 100 g Sahne, Salz, Pfeffer

GARNITUR

3 Staudenselleriestängel, 3 Karotten, einige Schnittlauchhalme, einige Basilikumblätter

Kräuter möglichst fein hacken und unter den Magerquark rühren. Salatgurke in feine Stückchen schneiden und ebenfalls zugeben. Sahne steif schlagen und vorsichtig unter die Quarkmasse heben.

Mit Salz und Pfeffer abschmecken und in kleine Gläschen füllen. Das Gemüse für die Garnitur in etwa 5 Zentimeter schneiden und schräg in die Quarkmasse setzen. Mit den Schnittlauchhalmen und den Basilikumblättchen garnieren.

[TIPP]

Die GARNITUR lässt sich auch wunderbar mit Paprika, Salatgurke oder Fenchelstücken variieren.

Eine herrlich leichte Fingerfoodvariante die ganz einfach herzustellen ist.
Sie sollte jedoch absolut frisch sein, da das rohe Gemüse leicht austrocknen kann.

für 10 Personen

Diese leckere und ganz und gar nicht spießige Angelegenheit
findet hauptsächlich bei zünftigeren Gelegenheiten Anklang.
Die Spießchen lasen sich ohne großen Aufwand herstellen,
sollten jedoch stets frisch zubereitet angeboten werden.

für 10 Spieße

Rustikale Brezelspiesschen
ALS FINGERFOODVARIANTE

GRUNDMATERIALIEN

*250 g reifer Camembert, 150 g Butter, 1 mittelgroße Zwiebel (sehr fein gehackt),
1 Knoblauchzehe (sehr fein gehackt), 1 Bund Schnittlauch (fein geschnitten), Salz, Pfeffer, edelsüßer Paprika,
5 Laugenstangen vom Bäcker (auch als Aufbackware erhältlich)*

GARNITUR

10 Radieschen, 2 Frühlingszwiebeln

Camembert und Butter mit einer groben Reibe reiben. Die restlichen Zutaten zufügen und mit Salz, Pfeffer und reichlich edelsüßem Paprika abschmecken. Alles zu einer homogenen Masse vermengen. Laugenstangen mit der Aufschnittmaschine in 4 gleichmäßige Scheiben von etwa 1 Zentimeter schneiden und üppig mit der Camembertcreme bestreichen.

Die einzelnen Scheiben zusammensetzen und jeweils an beiden Seiten mit halbierten Radieschen auf einen Holzspieß schieben. Abschließend das Grün der Frühlingszwiebeln klein schneiden und auf die Spieße streuen.

[TIPP]

Um die Brezelvariante als Brotzeit an der Ladentheke verkaufen zu können, die Spiesse durch längere ersetzen und dadurch die Menge des Brotes erhöhen.

Feine Kanapees

GRUNDMATERIALIEN

12 Scheiben American-Toast, etwas Butter oder Sandwich-Brotaufstrich, 6 Scheiben Salami,
3 Scheiben Putenbrust, 6 Scheiben geräucherten Wildlachs , 6 Scheiben Butterkäse

FÜR DIE SALAMI-KANAPEES

100 g Frischkäse, 3 Kapernäpfel, einige Maiskörner, einige Schnittlauchspitzen

FÜR DIE PUTEN-KANAPEES

100 g Frischkäse, 1 Scheibe Putenbrust, 9 Rote Johannisbeeren, einige Pfefferminzblättchen

FÜR DIE LACHS-KANAPEES

100 g Frischkäse, 15 g Kaviar, 6 Shrimps, einige Salbeiblättchen

FÜR DIE KÄSE-KANAPEES

100 g Frischkäse, 3 Himbeeren, 2 Tagetesblütenteile, Zitronenmelisseblättchen

Brotscheiben dünn mit Butter oder Sandwichaufstrich bestreichen und jeweils eine Scheibe des Grundbelages auflegen. Mit Hilfe einer ovalen Ausstechform die erste Lage des Kanapees ausstechen. Die Verwendung der größeren American-Sandwich-Toastscheiben sowie eine wirtschaftliche Arbeitsweise ergeben ein komplettes 2-lagiges Kanapee.

Um eine Art „Klebeverbindung" zwischen den beiden Lagen zu erreichen, erneut Butter oder Sandwichaufstrich auf die erste Lage streichen, die oben genannten Arbeitsschritte wiederholen und abschließend die beiden hergestellten Lagen des Kanapees zusammenfügen. Auf die fertigen Kanapees mit Hilfe eines Spritzbeutels mit Tülle jeweils ein Frischkäsehäubchen setzen.

Auf die Salamikanapees jeweils zwei Spalten Kapernäpfel, zwei Maiskörner und die Schnittlauchspitzen setzen. Auf die Putenbrustkanapees jeweils ein Fähnchen aus Putenbrust, drei Johannisbeeren sowie ein Pfefferminzblättchen geben. Die Lachskanapees mit jeweils zwei Shrimps, etwas Kaviar sowie einem Salbeiblättchen ausgarnieren. Auf das Frischkäsehäubchen des Käsekanapees jeweils eine Himbeere, einen Teil der Tagatesblüte sowie ein Zitronenmelisseblättchen setzen.

TIPP: Die Verwendung von Frischkäse hat gleich zwei Vorteile: Zum einen eignet er sich hervorragend als kostengünstige und effektvolle Verzierung und zum anderen kann er leicht als „Klebstoff" für Garniturteile eingesetzt werden. Setzen Sie Kanapees immer erst nach der endgültigen Fertigstellung auf die Platte, um Verunreinigungen zu vermeiden.

Diese Kanapeetürmchen wurden von Julietta Daut gefertigt.
Sie absolvierte an der Peter-Bruckmann-Berufsschule in
Heilbronn die Ausbildung zur Fleischereifachverkäuferin und
zählte zu den Besten ihres Jahrgangs. Dieses Werkstück war,
in abgewandelter Form, Bestandteil der Abschlussprüfung.

für 3-4 Personen

Kanapees

IN TÜRMCHENFORM

GRUNDMATERIALIEN

6 Scheiben Pumpernickel, 6 Scheiben American-Toast, etwas Butter, 3 Scheiben Kräuterkäse,
3 Scheiben gekochter Rinderschinken, 3 Scheiben Räucherlachs, 3 Scheiben Cervelat

FÜR DIE KÄSETÜRMCHEN
100 g Frischkäse, 3 Brombeeren, etwas Zitronenmelisse, einige Zitronenzesten
FÜR DIE SCHINKENTÜRMCHEN
100 g Frischkäse, 3 Physalis, gemahlene Pistazien
FÜR DIE LACHSTÜRMCHEN
100 g Frischkäse, 3 Krabben, 30 g Kaviar , einige Dillspitzen
FÜR DIE CERVELATTÜRMCHEN
100 g Frischkäse, ½ gelbe Paprikaschote, ½ milde Chilischote, etwas Kerbel, feine Schnittlauchspitzen

Brotscheiben dünn mit Butter bestreichen und die jeweiligen Beläge auflegen.
Mit Hilfe zweier Ausstechformen mit größerem und kleinerem Durchmesser jeweils ein Quadrat
ausstanzen. Unterseite der kleineren Quadrate buttern, um ein bessere Haftung zu erreichen.
Dann beide Quadrate exakt aufeinander setzen.

Für die Garnitur jedes Türmchen mit einem Frischkäsehäubchen versehen.
Beim Käsetürmchen außerdem einen kleinen Kranz aus Frischkäse sowie jeweils eine Brombeere,
ein Blättchen Zitronenmelisse und einige Zitronenzesten aufbringen.

Auf das Häubchen des Schinkentürmchens jeweils zwei Spalten der Physalis setzen und einige
gemahlene Pistazien aufstreuen. Die Lachstürmchen jeweils mit einer Krabbe, etwas Kaviar und
den Dillspitzen ausgarnieren.

Für die Cervelattürmchen zunächst aus der Paprika mit Hilfe eines Ausstechers 6 kleine
Halbmonde ausstanzen. Jeweils zwei davon in Form eines Schmetterlings auf die
Frischkäsehäubchen aufbringen und mit einem Chiliring, etwas Kerbel und den Schnittlauch-
spitzen als Fühlern ausgarnieren.

TIPP: Benutzen Sie öfters Ausstecher in anderen Formen für diese kleinen Köstlichkeiten, denn
auch so schaffen Sie eine gewisse Abwechslung. Auch mit der Kombination unterschiedlicher
Formen kann man tolle Effekte erzielen.

Delikate Ciabatta-Brötchen
MIT PARMASCHINKEN

GRUNDMATERIALIEN
4 Ciabatta-Brötchen oder ein Ciabatta-Brot am Stück, 4 Kopfsalatblätter, etwas Butter, 12 Scheiben Parmaschinken

GARNITUR
etwas Frischkäse, 2 Cocktailtomaten, 2 Kapernäpfel, 4 grüne Spargelstangen

Brötchen mittig durchschneiden, sollte ein Ciabatta-Brot zur Verfügung stehen, dieses in 4 gleichgroße Teile schneiden und ebenfalls in der Mitte trennen. Die unteren Hälften mit Butter bestreichen und mit jeweils einem Kopfsalatblatt belegen. Darauf mit der Falttechnik (siehe Seite 15) je 3 Scheiben Parmaschinken drapieren.

Cocktailtomaten sowie Kapernäpfel halbieren und mit Hilfe eines Spritzbeutels ein Frischkäsehäubchen auf die Schinkenscheiben setzen, um Cocktailtomaten, Kapernäpfel und je eine Spargelstange befestigen zu können. Deckel des Ciabattas möglichst schräg gekippt auflegen, so dass der Belag gut sichtbar bleibt.

[TIPP]

SOLLTE DER BRÖTCHENDECKEL NICHT wie GEWÜNSCHT HALTEN, NOCHMALS etwas FRISCHKÄSE ALS eine ART „KLEBSTOFF" AUF DIE BRÖTCHEN SPRITZEN UND SOMIT DIE DECKEL BEFESTIGEN.

Belegte Ciabatta-Brötchen der delikaten Art sollten im täglichen Imbissgeschäft nicht fehlen. Kunden lieben Abwechslung und diese darf durchaus auch mal etwas feiner ausfallen. Frisch hergestellt sind die „Italiener" zum Anbeißen lecker.

für 4 Brötchen

Diese leckere Schulbrotvariante lässt sich gut vorbereiten und stellt nicht
nur optisch eine Abwechslung zu belegten Brötchen dar. So aufgepeppt
lässt sich eine vollwertige Pausenmahlzeit ganz leicht verkaufen.

für 5 Schaschlik

Pausenschaschlik

GRUNDMATERIALIEN

*500 g haltbares Vollkornbrot (alternativ ist auch frisches verwendbar), 100 g Frischkäse,
150 g Putenbrust (geschnitten), 100 g Edamer (am Stück), ½ Salatgurke, 1 rote Paprika*

GARNITUR
einige Salatblätter

Brotscheiben zunächst mit Frischkäse bestreichen und mit Putenbrustscheiben belegen.
Das Ganze noch einmal wiederholen, übereinanderlegen und mit einer Brotscheibe abschließen.
Belegte Brotscheiben, Edamer und Gemüse in mundgerechte Stückchen schneiden und
abwechselnd auf Schaschlikspieße schieben.

Fertige Spießchen auf einer Platte mit Salatblattgarnitur anrichten.

[TIPP]

FRISCHKÄSEBROTSCHEIBEN
NACH WUNSCH MIT
DIVERSEN KRÄUTERN
BESTREUEN.

Puten-Paprika-Wraps

GRUNDMATERIALIEN

*Je 1/2 Paprika, rot grün, gelb, 250 g rohe Putenbrust, Salz, Pfeffer, Aceto Balsamico, Olivenöl,
6 Tortillas (Weizen-oder Maismehlfladen), 150 g Sour Cream, 10 Blätter Chinakohl, 100 g Putenschinken,
10 Bögen Butterbrotpapier*

Paprika waschen, halbieren und die Kerngehäuse entfernen. Die Hälften auf ein Backblech
legen und bei 200 °C solange im Ofen erhitzen, bis die Haut blasen wirft.
In der Zwischenzeit Putenbrust in dünne Streifen schneiden, mit Salz und Pfeffer würzen
und in der Pfanne goldbraun anbraten.

Paprika aus dem Ofen nehmen und die Haut vorsichtig mit einem Küchenmesser entfernen.
Dann in Streifen schneiden und mit Essig, Öl, Salz und Pfeffer marinieren.
Anschließend die Tortillas mit Sour Cream bestreichen, den Chinakohl in feine Streifen
schneiden und die Teigfladen damit bestreuen.

[TIPP]

An einem der Ränder einen Streifen von etwa 2 cm freilassen, um das
Zusammenrollen der Teigfladen etwas zu erleichtern.
Putenschinkenscheiben auf den Chinakohl geben, darauf die
angebratenen Putenstreifen sowie die Paprikastücke verteilen.

Dann den Teigfladen möglichst fest zusammenrollen und
zum besseren Festhalten mit Butterbrotpapier umwickeln.

Die angegebene REZEPTUR
für die marinierten Paprikas ist
etwas aufwändiger, mit
geraspelten Karotten anstelle
des Paprikas lässt sich die
Herstellung der Wraps
allerdings deutlich
vereinfachen.

Die entstandenen Rollen mit einem sehr scharfen
Brotmesser vorsichtig schräg durchschneiden und auf
einer Platte anrichten. Bei Bedarf mit einigen Salatblättern oder Rosmarinzweigen garnieren.

Wraps sind lecker belegte und aufgerollte Teigfladen.
Sie gehören zum typischen Tex-Mex-Food - die Varianten
sind mittlerweile unzählig. Kein Wunder also, dass diese
Fingerfoodvariante zum absoluten Partystar geworden ist.

für 20 Wraps

Tramezzini sind eine wunderbar weiche Sandwichvariation,
die vor allem bei unkonventionellen Anlässen sehr beliebt ist.
Diese Brotvariante sollte allerdings sehr frisch hergestellt werden.

für 10 Spieße

Tramezzini
AM SPIESS

GRUNDMATERIALIEN
250 g Tramezzini (weiches Sandwichweißbrot), 100 g Frischkäse, 100 g Salami (hauchdünn geschnitten),
50 g gemischte Kräuter (sehr fein geschnitten), 50 g Tomatenmark, 100 g Putenschinken

GARNITUR
10 Cocktailtomaten, einige Basilikumblättchen

Die erste Brotlage dünn mit Frischkäse bestreichen, darauf dicht aneinander die Salamischeiben
legen. Auf diese eine weitere dünne Schicht Frischkäse geben, um eine gute Haftung
der einzelnen Lagen zu erreichen. Eine weitere Brotscheibe aufschichten, diese etwas dicker als
zuvor mit Frischkäse bestreichen und mit den Kräutern bestreuen.

Ein kleines Stück Frischhaltefolie auf die Kräuter legen und diese vorsichtig in den
Frischkäse drücken. Folie entfernen und die nächste Brotlage auflegen. Darauf die Hälfte des
Tomatenmarks streichen und mit Putenschinken belegen.

Abschließend noch eine letzte Schicht Tomatenmark aufstreichen und die letzte Brotlage vorsichtig darauf festdrücken. Mit einem scharfen Brotmesser gleichmäßige Quadrate ausschneiden.
Cocktailtomaten auf Holzspieße schieben und in die Mitte der Brotwürfel
stechen. Mit einem Basilikumblättchen abrunden.

[TIPP]

WANDELN SIE DIE REZEPTUR
RUHIG AUCH EINMAL AB, ES SIND
ALLE MÖGLICHEN STREICHBELÄGE
DENKBAR – IHRER FANTASIE
SIND KEINE GRENZEN
GESETZT.

Filigrane Kanapees

GRUNDMATERIALIEN
16 Scheiben American-Toast, etwas Butter oder Frischkäse, 4 Scheiben mildwürziger Butterkäse,
4 Scheiben Wildräucherlachs, 8 Scheiben feinwürzige Salami, 4 Scheiben gekochter Hinterschinken

FÜR DIE KÄSEKANAPEES
100 g Frischkäse, 4 Cocktailtomaten, Mini-Basilikumblättchen, feine Schnittlauchspitzen
FÜR DIE LACHSKANAPEES
100 g Frischkäse, 30 g Kaviar, einige Dillzweige
FÜR DIE SALAMIKANAPEES
100 g Frischkäse, 30 g Gemüsemais, 4 Radieschen, einige Schnittlauchhalme
FÜR DIE SCHINKENKANAPEES
1 blanchierte Karotte, 100 g Frischkäse, einige Kerbelblättchen, feine Schnittlauchspitzen

Aus Weiß- oder Toastbrotscheiben mit einem runden Ausstecher je 2 Taler pro Kanapee
ausstechen. Diese dünn mit Butter oder alternativ Frischkäse bestreichen.

Aus den verschiedenen Belägen jeweils mit dem gleichen Ausstecher 2 Kreise ausstechen
und exakt auf die bestrichenen Weißbrotscheiben legen. Beide Schichten zu einem Türmchen
übereinander legen. Zur besseren Fixierung der Garnitur, jedes Kanapee mit einem kleinen
Frischkäsehäubchen versehen.

Aus den Cocktailtomaten 4 Röschen herstellen (siehe Seite 22). Auf jedes Häubchen jeweils eine
Rose sowie die Blättchen des Minibasilikums und einige Schnittlauchspitzen setzen.
Frischkäsehäubchen des Lachskanapees mit Kaviar und einem kleinen Dillsträußchen garnieren.

In das Zentrum des Frischkäsehäubchens des Salamikanapees jeweils ein Maiskorn setzen.
Radieschen in hauchfeine Spalten schneiden, diese kreisrund um das Korn legen, so dass
eine kleine Blüte entsteht. Mit feinen Schnittlauchspitzen abrunden.

Für die Dekoration des Schinkenkanapees zunächst aus einer blanchierten Karotte mit einem
halbmondförmigen Ausstecher zwei kleine Monde ausstechen. Die Monde so auf den Frischkäse
setzen, dass ein Schmetterling entsteht. Mit Kerbelblättchen sowie Schnittlauchspitzen ausgarnieren.
Die fertigen Kanapees möglichst exakt und in Reihen nach Belag getrennt auf die Platte setzen.

TIPP: Kanapees die auf diese Art gestaltet wurden, sind aufgrund des hohen Zeitaufwandes
relativ kostspielig – versuchen Sie daher mit einfachen, preiswerten Garniermitteln einen
Ausgleich zu schaffen.

Diese Platte wurde von Sevilay Tezer gefertigt.
Sie absolvierte ihre dreijährige Ausbildung zur Fleische-
reifachverkäuferin an der Peter-Bruckmann-Berufschule in
Heilbronn und wurde 2. Landessiegerin ihres Jahrganges.

4 bis 5 Personen

am Tag des Verzehrs

Kühlung bis max.
7 °C

*Diese einfach herzustellende Mousse stellt eine leckere Variante zu den her-
kömmlichen Mousses dar und lässt sich darüber hinaus sehr gut vorbereiten.*

für 8 Personen

Cafémousse

GRUNDMATERIALIEN
weiße Schokoladenmousse (Fertigprodukt in Pulverform, alternativ Rezept siehe unten),
Milch zum Anrühren der Mousse, 2 TL Espressopulver

GARNITUR
8 Espressolöffel, 8 Kaffeegebäck-Kringel, 8 Schoko-Kaffeebohnen

Weiße Schokoladenmousse nach Packungsanleitung mit Milch anrühren oder Schokoladenmousse
nach Grundrezept zubereiten und Espressopulver unterrühren. Die Mousse mit Hilfe eines
Spritzbeutels ohne Spritztülle in kleine Espressotässchen eindressieren.

Espressolöffel als Halterung für die Garnitur in die Tässchen stellen. Abschließend
die Kaffeegebäck-Kringel auf die Löffel setzen und mit einer Schoko-Kaffeebohne garnieren.

WEISSE SCHOKOLADENMOUSSE (ERGIBT 500 G)

1 Ei, 1 Eigelb, 1 Blatt Gelatine, 1 EL Zucker, 20 ml weißer Rum,
175 g weiße Kuvertüre, 250 g geschlagene Sahne

Gelatine in kaltem Wasser einweichen. Ei, Eigelb, Zucker und Rum
in einer Schüssel vermengen und über einem Wasserbad
schaumig schlagen. Kuvertüre klein hacken und ebenfalls
über einem Wasserbad schmelzen.

Die eingeweichte Gelatine ausdrücken und in die Eischaummasse geben, Schüssel in kaltes Wasser stellen und kalt einrühren.
Nach und nach die Schokolade unterrühren und wieder
leicht abkühlen lassen.

Die fertige Mousse in ein Gefäß umfüllen, mit Folie abdecken und
dann 6 bis 8 Stunden im Kühlschrank ruhen lassen.

[TIPP]

UM *einen noch intensiveren*
KAFFEEGESCHMACK
zu erreichen, einfach
einen SCHUSS
KAFFEELIKÖR
HINZUGEBEN.

Südseezauber

5-6 Blatt Gelatine, 700 ml Multivitamin-Saft, 1 Gläschen Rumaroma oder 10 ml echten weißen Rum,
weiße Schokoladenmousse (Fertigprodukt in Pulverform, alternativ Rezept siehe Seite 159),
Milch zum Anrühren der Mousse, Papayabällchen aus der Dose

GARNITUR
Ananasstücke aus der Dose, gemahlene Pistazien

Gelatine in etwas kaltem Wasser einweichen. Multivitaminsaft in einem Topf erhitzen.
Gelatineblätter gut ausdrücken und in den heißen Saft geben.
Die Flüssigkeit mit Rum abschmecken, in kleine vorbereitete Gläschen füllen und jeweils ein
Papayabällchen in die Gläschen setzen. 2 Stunden kalt stellen.

Weiße Schokoladenmousse nach Packungsanleitung mit Milch anrühren oder Schokoladenmousse nach Grundrezept zubereiten.

Sobald das Gelee sich verfestigt hat, die Mousse mit Hilfe
eines Spritzbeutels mit Lochtülle auf den Geleespiegel
aufbringen.

Ananasstückchen gleichmäßig zuschneiden und
auf die Moussehäubchen geben.
Abschließend mit den Pistazien ausgarnieren.

[TIPP]

GELEES AUS SÄFTEN EIGNEN
SICH HERVORRAGEND ALS GRUNDLAGE
FÜR PREISGÜNSTIGE DESSERTVARIANTEN,
SO LÄSST SICH ETWA AUS KIRSCHSAFT,
KIRSCHWASSER, WEISSER SCHOKOLADEN-
MOUSSE UND DUNKLEN SCHOKOLADEN-
STÜCKCHEN **OHNE GROSSEN**
AUFWAND EINE DESSERT-
KREATION „SCHWARZWÄLDER ART"
ZAUBERN.

Diese Dessertvariante kann in Teilen sehr gut einige Tage zuvor vorbereitet wer-
den, sollte bezüglich der Mousse jedoch frisch aufgespritzt und garniert werden.

etwa 20 Personen

2-3 Tage im Voraus

Kühlung bis max.
7 °C

Dieses Dessert sollte unbedingt gut gekühlt werden, da die essbaren Schokoladentöpfchen bei warmen Temperaturen leicht schmelzen.

für 8–10 Personen

Weisse Schokoladenmousse
IN DUNKLEN SCHOKOLADENTÖPFCHEN

GRUNDMATERIALIEN
weiße Schokoladenmousse (Fertigprodukt in Pulverform, alternativ Rezept siehe unten),
Milch zum Anrühren der Mousse, Schokoladenförmchen

GARNITUR
12 Papayabällchen aus der Dose, 12 weiß-braune Schokoladenröllchen

Weiße Schokoladenmousse nach Packungsanleitung mit Milch anrühren oder Schokoladenmousse
nach Grundrezept zubereiten. Die Masse gut aufschlagen, damit eine gute Standfestigkeit
gewährleistet ist. Masse in Spritzbeutel mit Sterntülle einfüllen und in die Förmchen eindressieren.
Mit Papayabällchen und Schokoladenröllchen garnieren.

WEISSE SCHOKOLADENMOUSSE (ERGIBT 500 G)

1 Ei, 1 Eigelb, 1 Blatt Gelatine, 1 EL Zucker, 20 ml weißer Rum, 175 g weiße Kuvertüre, 250 g geschlagene Sahne

Gelatine in kaltem Wasser einweichen. Ei, Eigelb, Zucker und Rum in einer
Schüssel vermengen und über einem Wasserbad schaumig schlagen. Kuvertüre
klein hacken und ebenfalls über einem Wasserbad schmelzen.

Die eingeweichte Gelatine ausdrücken und in die Eischaummasse
geben, Schüssel in kaltes Wasser stellen und kalt einrühren. Nach und
nach die Schokolade unterrühren und wieder leicht abkühlen lassen.

Die fertige Mousse in ein Gefäß umfüllen, mit Folie abdecken
und dann 6 bis 8 Stunden im Kühlschrank ruhen lassen.

[TIPP]

FÜR *ein* KÖSTLICHES
WINTERDESSERT DAS
SCHOKOMOUSSE EINFACH MIT
LEBKUCHENGEWÜRZ
VERFEINERN.

ROSENCREME

GRUNDMATERIALIEN

6-7 Blätter Gelatine, 5 EL Milch, 4-5 EL reines Rosenwasser (erhältlich in Apotheken), 1 l süße Sahne, 200 g Zucker, 3-4 Tropfen rote Lebensmittelfarbe, 100 ml Rosenlikör

GARNITUR

10 frische Teerosen (ungespritzt), 2 Eiweiß, 100 g Zucker, 150 g Mini-Baiser

Rosenköpfe vorsichtig waschen und in das Eiweiß tauchen, dann mit Zucker bestreuen.
Auf ein Gitter geben und im Backofen 5 bis 6 Stunden bei 50 °C „trocknen" lassen.
Gelatine in etwas kaltem Wasser einweichen.

Milch und Rosenwasser vorsichtig in einem Topf erhitzen, Gelatineblätter gut ausdrücken
und in der Flüssigkeit unter Rühren vollständig auflösen. Anschließend Sahne zugeben und Zucker
in dieser Mischung auflösen.

Lebensmittelfarbe hinzugeben und gut verrühren. Topf vom Herd nehmen und Rosenlikör
zugeben. Dessertgläser befüllen und 4 bis 5 Stunden kalt stellen. Baiser zerkleinern und kurz vor
dem Servieren auf die Rosencreme streuen.

Gläser abschließend mit den kandierten Rosenköpfen dekorieren.

[TIPP]

UM DIE CREME ETWAS LEICHTER ZU MACHEN, KANN MAN DIE SAHNE ZUR HÄLFTE DURCH MILCH ERSETZEN.

*Diese exklusive Dessertcreme lässt sich sehr gut vorbereiten, man
sollte jedoch Baiser und kandierte Rosen absolut frisch auf die
Creme geben, da beides leicht Wasser zieht und deshalb weich wird.*

für 10 Personen

Puddingpralinen

GRUNDMATERIALIEN

Pistazienpudding (Fertigprodukt in Pulverform, alternativ Rezept siehe unten),
Milch zum Anrühren des Puddings, 10 Reiswaffeln mit Karamellgeschmack

GARNITUR

2 Dolden Holunderblüten, einige gemahlene Pistazien, Holzspießchen mit Segeldekoration

Pistazienpudding nach Packungsanleitung oder nach angegebenem Grundrezept zubereiten.
Silikonförmchen befüllen und mindestens 3 Stunden kühlen, dann stürzen. Fertige Puddinghügel
auf eine süße Reiswaffel setzen und jeweils mit einigen Holunderblüten dekorieren.
Diese mit den Holzspießchen befestigen. Abschließend gemahlene Pistazienkerne aufstreuen.

PISTAZIENPUDDING (ERGIBT ETWA 700 G)

90 g getrockneter Biskuit (fein zerbröselt), 75 g weiche Butter, 100 g geriebene Pistazien (Pistazienpuder),
6 Eier, 130 g Zucker, 15 ml Pistazienlikör, Butter und Zucker für die Förmchen

Butter mit 100 g Zucker, Eigelb und Pistazienlikör schaumig schlagen.
Pistazienpuder und Biskuitbrösel unterrühren. Eiweiß mit 30 g Zucker zu
Schnee schlagen und unter die andere Masse heben.

Förmchen buttern, zuckern und mit Pistazienpuddingmasse
füllen. Im Wasserbad bei 190 °C etwa 30 Minuten im Backofen
stocken lassen. Auskühlen und stürzen.

[TIPP]

FÜR KINDERPARTYS GEEIGNET
IST DIESES DESSERT, INDEM SIE
KARAMELLREISWAFFELN MIT SCHOKO-
ODER VANILLEPUDDING HERSTELLEN
UND DIESE MIT BUNTEN
SMARTIES VERZIEREN.

Diese einfache Dessertvariante passt optimal zu weniger festlichen Anlässen. Die „Pralinen" sind einfach in der Herstellung und darüber hinaus preisgünstig. Da die Reiswaffeln allerdings leicht durchweichen, sollten die Puddingtörtchen möglichst frisch hergestellt werden.

für 8-10 Personen

Dies ist ein einfach herzustellender Klassiker der vor allem bei Grillfeten oder Kinderpartys gut ankommt. Wenn man die Apfelspalten gut mit Zitronensaft beträufelt, kann diese Dessertvariante gut im Voraus vorbereitet werden.

für 10 Personen

FRUCHTSPIESSCHEN
MIT VANILLESAUCE

FÜR DIE VANILLESAUCE
10 g Butter, 1 EL Zucker, 1 TL Vanillezucker, 1 Prise Salz, 2 EL Mondamin (leicht gehäuft),
½ l Milch, 1 Eigelb, 1 Eiweiß

FÜR DIE FRUCHTSPIESSCHEN
10 Apfelspalten, 1 Zitrone, 10 Physalis, 10 Erdbeeren, 10 Holzspießchen

GARNITUR
Pistazienraspel

Für die Vanillesauce zunächst die Butter schmelzen lassen, dann mit Zucker, Vanillezucker, Salz und Mondamin vermengen. 2 EL Milch abnehmen und getrennt mit dem Eigelb verschlagen. Ebenfalls zu der Masse geben.

Zum Schluss das steif geschlagene Eiweiß vorsichtig unterheben. Gläschen gleichmäßig mit der Vanillesauce befüllen.

Apfelspalten mit reichlich Zitronensaft beträufeln, um ein Braunwerden zu vermeiden, dann gemeinsam mit jeweils einer Physalis und einer Erdbeere auf ein Holzspießchen stecken.

Abschließend die fertigen Spieße in die Vanillesauce tauchen und mit Pistazienraspeln bestreuen.

[TIPP]

SCHNELLER UND EINFACHER ERHÄLT MAN EINE GUTE VANILLESAUCE, INDEM MAN EINEN VANILLEPUDDING KOCHT UND DIESEN MIT EINEM HALBEN LITER MILCH VERDÜNNT.

Mini-Marmorküchlein
UND BISKUIT-NOUGAT-KUGELN

FÜR DIE MARMORKÜCHLEIN

Mini-Gugelhupfförmchen aus Silikon, Semmelbrösel zum Ausstreuen der Form, 250 g Margarine, 250 g Zucker, 6 Eier , ⅛ l Milch, 500 g Mehl, 1 Pck. Backpulver, 2 El Zucker, 2 gehäufte El Kakao, 2 El Milch

GARNITUR
10 Mini-Ananasscheiben aus der Dose, 10 Papayabällchen aus der Dose, 200 g Mascarpone, grob gemahlene Pistazienkerne

Förmchen mit etwas Margarine ausstreichen und mit Semmelbröseln bestreuen. Margarine mit dem Rührgerät schaumig rühren, Zucker und Eier abwechselnd zugeben und ebenfalls schaumig rühren. Milch zugeben. Anschließend Mehl mit Backpulver mischen und ebenfalls unterrühren.

2/3 der Masse in die vorbereiteten Förmchen geben, 2 El Zucker, 2 gehäufte El Kakao und 2 El Milch mit dem restlichen Drittel der Masse vermischen und auf die bereits eingefüllte weiße Masse geben. Mit einem Schaschlikstab die braune Masse vorsichtig unter die weiße Masse ziehen.

Förmchen im vorgeheizten Backofen bei 180 °C etwa 12 Minuten backen. Nach dem Abkühlen des Gebäcks die Ananasscheiben auf die Küchlein setzen, Mascarponecreme mit dem Spritzbeutel aufspritzen, die Papayabällchen aufsetzen und mit den Pistazienkernen bestreuen.

Dieses Dessert ist besonders gut vorzubereiten und lässt sich einfach portionieren. Außerdem gehört es zu den preisgünstigen Alternativen.

für 8-10 Personen

Mini-Marmorküchlein

UND BISKUIT-NOUGAT-KUGELN

BISKUIT-NOUGAT-KUGELN

GRUNDMATERIALIEN

1 fertigen Tortenboden aus Biskuitteig (alternativ Rezept siehe rechts), 200 g Magerquark,
1 Päckchen Nougat zum Backen

GARNITUR

200 g Kokosraspel, grob gemahlene Pistazienkerne, Papierrosetten

Den Tortenboden in einer Rührschüssel fein zerkleinern. Magerquark und Nougat hinzugeben, anschließend gut verkneten. Aus dem entstandenen Teig Kugeln formen und in den Kokosraspeln wälzen. Mit den Pistazienkernen bestreuen und auf Rosetten oder in Muffinförmchen setzen.

[TIPP]

Diese Dessertvarianten sind SEHR BELIEBT bei etwas rustikaleren Anlässen. Speziell die KUGELN sind ausserdem sehr gut abwandelbar.

BISKUIT
(ERGIBT 1 FORM, 28 CM DURCHMESSER)

GRUNDMATERIALIEN
3 Eier, 1 Prise Salz, 75 g Zucker, 1 Pck. Vanillezucker, 100 g Mehl, 1 TL Backpulver,
Fett und Semmelbrösel für die Form

Eier trennen, Eiweiß mit einer Prise Salz steif schlagen.
Eigelb zusammen mit dem Zucker und dem Vanillezucker schaumig schlagen.
Mehl und Backpulver mischen und anschließend unter die Zucker-Ei-Masse ziehen.

Nachdem alles gut vermengt ist, den Eischnee unterheben. Form einfetten und mit den
Semmelbröseln ausstreuen. Anschließend Teig einfüllen und bei 180 °C auf mittlerer
Schiene 12 bis 20 Minuten goldgelb backen.

für 8-10 Personen

am Tag des Verzehrs

Kühlung bis max.
7 °C

Dessertplatte „Süsse Träume"

MIT ZWEIERLEI MOUSSE

GRUNDMATERIALIEN

*weiße Schokoladenmousse (Fertigprodukt in Pulverform, alternativ siehe Seite 159),
Milch zum Anrühren der Mousse, 200 g Tiefkühl-Waldbeeren, 300 g Marzipan-Rohmasse,
10 Croustade barquette (Mürbeteigschiffchen)*

GARNITUR

3-4 Erdbeeren, 8 Giottokugeln, etwas Zitronenmelisse

Weiße Schokoladenmousse nach Packungsanleitung mit Milch anrühren oder
Schokoladenmousse nach Grundrezept zubereiten.

Aufgetaute Waldbeeren vorsichtig unter 1/3 der fertigen Masse heben. Masse anschließend
in einen Spritzbeutel ohne Spritztülle füllen und in die vorgesehenen Gläser dressieren.

Marzipan-Rohmasse dünn ausrollen, in die Schiffchen einlegen und die Ränder bündig
zuschneiden. Die beiseite gestellte Mousse in die Schiffchen sowie in die mit Waldbeerenmousse
gefüllten Gläser eindressieren. Hierfür einen Spritzbeutel mit Tülle zu Hilfe nehmen.

Die Gläser abschließend mit je einer Giottokugel garnieren, die Schiffchen mit einer
geviertelten Erdbeere sowie etwas Zitronenmelisse.

[TIPP]

MARZIPAN-ROHMASSE LÄSST SICH
LEICHTER BEARBEITEN
WENN DIE ARBEITSFLÄCHE
MIT PUDERZUCKER
BESTÄUBT IST.

FRÜCHTEPLATTE

SOMMERLICH

GRUNDMATERIALIEN FÜR DIE FRÜCHTEPLATTE

5 Gläschen Milchreis mit Roter Grütze, 250 g Milchreis (alternativ Rezept siehe nächste Seite),
250 g Rote Grütze (alternativ Rezept siehe nächste Seite),
1 Netzmelone, 100 g frische Himbeeren, 100 g frische Brombeeren, 1 Apfel, 2 Kiwis, 5 Pflaumen,
rote Weintrauben, 1 Birne, 100 g Papayabällchen aus der Dose

GARNITUR
etwas Zitronenmelisse

Milchreis und Rote Grütze nach Rezept zubereiten, wahlweise die beiden bereits fertigen
Produkte in möglichst langstielige Gläser schichten und bogenförmig mittig auf die Platte stellen.
Die Früchte sorgfältig waschen gut trocken tupfen.

Zuerst die Melone halbieren, entkernen und in gleichmäßige Spalten schneiden.
Anschließend Melonenspalten zur Abgrenzung gefächert an zwei gegenüberliegenden Stellen auf
die Platte drapieren. Beeren sortenweise in kleinen Gruppen auf beiden Seiten der
Melonenspalten auf die Platte geben.

Apfel und Kiwis in Spalten schneiden und ebenfalls zur Abgrenzung jeweils neben den
Himbeeren und Brombeeren leicht gestaffelt anordnen. Pflaumen halbieren und für
einen schönen farblichen Kontrast mit der Schale nach oben auf die Platte legen.

Weintrauben in die Lücke zwischen Kiwi- und Melonenspalten platzieren.
Birne ebenfalls in Spalten schneiden und neben den Trauben auf die
Melonenspalten drapieren. Abschließend die Papayabällchen auf die
Mittelachse der Platte geben. Mit Zitronenmelisse ausgarnieren.

[TIPP]

ANSTELLE DER MILCHREIS-
ROTE-GRÜTZE-VARIANTE
HARMONIERT AUCH EINE
KARAMELLCREME
WUNDERBAR MIT DEM
FRISCHEN OBST.

Diese Früchteauswahl sollte möglichst frisch hergestellt
und serviert werden, da Früchte leicht austrocknen oder
besonders im geschnittenen Zustand leicht braun werden.

für 5 Personen

Früchteplatte

SOMMERLICH

....

MILCHREIS UND ROTE GRÜTZE
(ERGIBT ETWA 1400 G)

GRUNDMATERIALIEN FÜR DEN MILCHREIS
*500 ml Milch, 1 Prise Salz, 20 g Butter, 1/2 Vanilleschote, 30 g Zucker, 125 g Milchreis,
Zucker und Zimt*

GRUNDMATERIALIEN FÜR DIE GRÜTZE
*250 g Erdbeeren, 250 g Himbeeren, 100 g rote Johannisbeeren, 250 ml Wasser, 250 ml Kirschsaft, 100 g Zucker,
Abrieb von 1/4 Zitrone, 1 Vanilleschote, 45 g Perl-Sago*

Milch in einen Topf geben. Salz, Butter, Vanillemark und ausgekratzte Vanilleschote
sowie Zucker zufügen. Zum Kochen bringen, Milchreis unterrühren, einmal kurz aufkochen.
Temperatur auf die niedrigste Stufe stellen.

Den Milchreis im geschlossenen Topf 40 bis 45 Minuten quellen lassen. Vanilleschote entfernen.
Milchreis zum Servieren mit Zucker und Zimt bestreuen.

Beeren vorbereiten, waschen und abtropfen lassen.
Wasser mit Kirschsaft, Zucker, Zitronenabrieb, Mark der Vanilleschote sowie der ausgekratzen
Vanilleschote mit je 150 Gramm Erdbeeren und Himbeeren aufkochen.

Perl-Sago zugeben und so lange köcheln lassen, bis der Perl-Sago aufgelöst ist.
Restliche Früchte zugeben, Grütze nochmals 1 bis 2 Minuten köcheln, dann in Gläser gießen
und abkühlen lassen.

Eine ausgefallene und vor allem gut vorzubereitende Dessertkomposition,
die besonders in den Sommermonaten sehr gut bei Gästen ankommt.
Gut gekühlt ist der Shot etwa 2 bis 3 Tage haltbar.

für 13 Portionen

Weisse-Schokolade-Beeren-Shot

GRUNDMATERIALIEN FÜR DIE SCHOKOLADENMOUSSE
*2 Eiweiß, 1 Prise Salz, 2 EL Zucker, 100 ml Schlagsahne, 100 g weiße Kuvertüre,
30 g weiße Schokolade, gerieben*

GRUNDMATERIALIEN FÜR DIE BEERENCREME
250 g TK-Beerenmischung, 200 g Magerquark, 3 EL Mascarpone, 2 EL Puderzucker

GARNITUR
13 frische Himbeeren, einige Blättchen Zitronenmelisse

Eiweiß und Salz 30 Sekunden auf mittlerer Stufe des Handrührgerätes schaumig schlagen.
1 EL Zucker dazugeben, auf höchster Stufe zu steifem Schnee schlagen und kühl stellen.
Sahne mit dem restlichen Zucker steif schlagen und ebenfalls kühl stellen.

Kuvertüre klein hacken und im warmen Wasserbad schmelzen. Unter ständigem Rühren
abkühlen lassen, dabei darauf achten, dass die Kuvertüre flüssig bleibt. Anschließend die lauwarme
Kuvertüre vorsichtig mit dem Eischnee mischen und die geschlagene Sahne unterheben.
Geriebene weiße Schokolade unterrühren.

Mousse in einen Spritzbeutel mit großer Lochtülle füllen
und bis zur Hälfte in die vorbereiteten Gläschen einspritzen.
Dann etwa 3 Stunden kühlen.

Zwischenzeitlich alle Zutaten für die Beerencreme in einen
Mixer geben und zu einer homogenen Masse pürieren.
Ebenfalls in einen Spritzbeutel geben und auf die
Schokoladenmousse aufdressieren.

Abschließend mit jeweils einer frischen Himbeere und
einem Zitronenmelisseblättchen garnieren.

[TIPP]

Weisse Schokoladenmousse passt auch hervorragend zu leicht säuerlichem Birnen-Kompott, welches man in der Winterzeit sehr gut mit Zimt und Rosinen verfeinern kann.

Küchenkräuter

BASILIKUM

Die stark duftende Pflanze ist vor allem in der Mittelmeerküche beliebt.
Da die zarten Blätter ihren aromatischen Geruch am intensivsten
entfalten bevor sich die weißen Blüten zeigen, werden die Blätter meist
vor der Blüte geerntet. Es gibt etwa 60 Arten – ihr Aroma erinnert
je nach Art an Zitrone, Kampfer, Jasmin, Nelke, Anis oder Thymian.
Ganz klassisch findet das Basilikum Verwendung als Verfeinerung
für Tomaten, es gibt jedoch auch Salaten, Eiern, Käse oder auch Fisch
und Schweinefleisch eine besondere Note.

Da Basilikum sich schlecht mit Essig verträgt, achten Sie bei entsprechenden
Zubereitungen bitte unbedingt darauf, die Blätter erst nachträglich zuzugeben,
denn bei zu starkem Kontakt verfärben sie sich
unansehnlich braun.

MINI-BASILIKUM

Es handelt sich hierbei um eine Sonderzüchtung des
Basilikums mit sehr kleinen Blättchen, die sich hauptsächlich für die Dekoration von Kanapees oder filigranen
Dip-Gläschen eignet. Für die kleinblättrige Variante treffen
die gleichen geschmacklichen und sonstigen Eigenschaften
wie die des „großen Bruders" zu. Es eignet sich ebenfalls
sehr gut zur Herstellung von Pesto.

ROTER BASILIKUM

Es handelt sich beim roten Basilikum
lediglich um eine weitere Zuchtvariante des gängigen
Basilikums. Es stellt immer eine farbliche Bereicherung
für Garnituren dar.

Ein aus rotem Basilikum hergestelltes Pesto sorgt für
Abwechslung in der Nudelküche.

BRUNNENKRESSE

Diese bisweilen auch wild wachsende Pflanze gibt Salaten eine besondere Note. Ihr durch Senföle und Bitterstoffe hervorgerufener frischer und leicht scharfer Geschmack erinnert an den der verwandten Garten-kresse. Auch gegrilltes Fleisch oder Sandwiches können damit hervorragend verfeinert werden.

Probieren Sie doch einmal die Brunnenkresse selbst zu kultivieren, dies funktioniert sehr gut in Wasser-becken, jedoch ist dafür fließendes Wasser nötig.

HOLUNDER

Holunder zählt zwar nicht zu den Kräutern, sollte jedoch unter der Rubrik essbare Blüten nicht ungenannt bleiben. Der oft wildwachsende Strauch gibt Getränken und Desserts eine feine und elegante Note. Allerdings ist der Einsatz im Bereich der kalten Platten eher begrenzt – die kleinen Blüten wirken jedoch als Garnitur für Kanapees besonders ansprechend.

Bieten Sie Ihren Kunden ein Holunderblüten-Sektsorbet speziell in den heißen Sommermonaten. Der Geschmack ist einfach köstlich.

KAMILLE

Die wild wachsende Kamille zählt zu den essbaren Pflanzen, die neuerdings immer häufiger auch als Garniervariante für kalte Platten und Salate eingesetzt werden. Sie gilt als mild schmeckendes Kraut, das vor allem als entzündungs-hemmende Heilpflanze bekannt ist. Die frischen Blüten machen sich gut auf belegten Brötchen, Schnittchen und Kanapees. Man sollte jedoch beachten, dass die Blüten relativ schnell welken.

Verwenden Sie getrocknete Kamillenblüten zusammen mit anderen frischen Kräutern in Dressings - diese völlig neue geschmackliche Richtung wird Sie überraschen.

Küchenkräuter

LIEBSTÖCKEL

Das mehrjährige, relativ anspruchslose Kraut, auch Maggikraut
genannt, wächst in unseren Breiten problemlos in jedem Küchengarten. Verwendbar ist sowohl der Wurzelstock als auch die Blätter.
Aufgrund des starken, an Maggi erinnernden Geschmacks ist ein
sparsamer Einsatz ratsam. Auf kalten Platten sollte Liebstöckel hauptsächlich bei rustikaleren Arrangements zur Verwendung kommen.
In der Grillsaison ist Liebstöckelbutter zu naturbelassenen
Schweinerückensteaks ein echtes Geschmackserlebnis.

LÖWENZAHN

Die Blüten der wild wachsenden Pflanze eignen sich hervorragend zur
Herstellung köstlicher Gelees. Die jungen, leicht bitteren Blätter werden
häufig als Salat verarbeitet. Auf kalten Platten können die kräftig gelben
Blüten appetitliche Farbtupfer sein. Sämtliche Pflanzenteile sind ver-
zehrbar, wenn auch teilweise geschmacklich etwas gewöhnungsbedürftig.
Verwenden Sie Löwenzahnblüten zur Garnierung von deftigen oder rustikalen
Platten, denn die Blüten verleihen auch einfacheren Arrangements etwas Besonderes.

PFEFFERMINZE

Die beliebte Gewürzpflanze stammt ursprünglich aus dem Orient.
Der enthaltene Aromastoff Menthol verleiht dem Kraut zunächst
eine wärmende, später aber leicht kühlende Wirkung.
Als Garnitur kommen die aromatischen Blätter hauptsächlich
im „süßen" Bereich zum Einsatz, besonders für
Desserts im Allgemeinen, aber auch zu Früchten
harmoniert die Pfefferminze wunderbar.
Überraschen Sie Ihre Kunden in den Sommermonaten doch einmal
mit einer leckeren Minzbutter zu Lammfleisch. Übrigens, ver-
zichtet man auf ein Würzen mit Salz, so kann die Butter auch als
frischer Aufstrich unter fruchtigen Marmeladen eingesetzt werden.

ROSMARIN

Der buschige Rosmarinstrauch stammt ursprünglich aus dem Mittelmeerraum. Seine an feine Nadeln erinnernden Blätter haben einen harzigen
und tannenähnlichen Duft und weisen einen leicht bitteren Geschmack auf.
Das Kraut kommt in der Küche bevorzugt zum Würzen und Verfeinern
von Wild, Fisch, Lamm, Geflügel oder auch Kartoffeln zum Einsatz.

Man kann Rosmarinöl zum Würzen oder Marinieren ganz einfach selbst herstellen,
indem man hochwertiges Olivenöl zusammen mit fein gehackten Rosmarinnadeln etwa
10 Tage an einem warmen, dunklen Ort stehen lässt. Vor dem Abfüllen in Flaschen sollten
die feingehackten Nadeln jedoch abgesiebt und durch einen Rosmarinzweig ersetzt werden.

SALBEI

Ursprünglich im Mittelmeerraum beheimatet, kann Salbei auch getrocknet
verwendet werden. Er riecht sehr aromatisch und hat außerdem einen
strengen, leicht bitteren Geschmack. Deshalb sollte er auch nur sehr
sparsam eingesetzt werden, um den Geschmack anderer Produkte nicht
zu überdecken. Gerne verwendet man Salbei zu fetten Speisen wie zum
Beispiel Gans, Ente, Schwein oder auch Aal, um sie leichter verdaulich
zu machen. Generell harmoniert Salbei optimal zu Fischplatten und kann
für herzhafte Garnituren in Kombination mit Gemüse eingesetzt werden.

Auch Salbei gedeiht sehr gut im eigenen Kräutergarten, verwenden Sie doch einmal
die lilafarbenen Blüten des Krauts um bei Garnituren einen farblichen Akzent zu setzen.

SAUERAMPFER

Dieses Wildgemüse kann sowohl gekocht als auch roh verzehrt werden.
Es enthält viel Vitamin C, sollte jedoch nicht in zu großer Menge
konsumiert werden, da die ebenfalls darin enthaltene Oxalsäure gesund-
heitsschädigend wirkt. Sauerampfer kann wie Spinat zubereitet werden,
durch seinen kräftigen Geschmack eignet er sich auch zur Herstellung
von Suppen oder Salaten. Er wächst gut im heimischen Küchengarten.

Nur die frischen, makellosen Blätter verwenden, ältere Blätter mit rostbraunen
Löchern sind nur wenig bekömmlich.

Küchenkräuter

SCHNITTLAUCH

Der Schnittlauch gehört zur Familie der Lauchgewächse und zeichnet sich durch seinen unterschiedlich starken Zwiebelgeschmack aus. Er gilt als klassische Würzpflanze und eignet sich zur Verfeinerung von frischen Salaten, Suppen, Eier- und Quarkspeisen, auch als Brotbelag ist er sehr beliebt.

Dieses vielfältige Kraut eignet sich bestens für den Küchengarten – sollte dies nicht möglich sein, kann er im Topf gehalten werden. Nutzen Sie für Garnituren auch unbedingt die lilafarbenen Blüten des Krauts, vor allem bei Salaten kommen diese wunderbar zur Geltung.

ZITRONENMELISSE

Das ausdauernde Kraut duftet mehr oder weniger stark nach Zitrone. Neben seinem Einsatz als Heilkraut sollte es im Bereich der kalten Platten und des Fingerfood hauptsächlich für Süßspeisen, Getränke und „süße" Garnituren zum Einsatz kommen. Die oberen, weichen Blättchen eignen sich bestens für die Garnitur von belegten Schnittchen oder Kanapees.

Aus hochwertigem Olivenöl lässt sich, mit Zitronenmelisse versetzt, ein köstliches Kräuteröl herstellen, das sich vor allem für das Marinieren von Fisch eignet.

KERBEL

Die krautige Pflanze hat eine gewisse Ähnlichkeit mit Petersilie. Sie ist jedoch vom Geschmack her feiner und auch das Grün ist etwas zarter als das der Petersilie. Geschmacklich erinnert Kerbel leicht an Anis und wird somit gerne für Salate, Suppen oder Eierspeisen verwendet. Die filigranen Blättchen eignen sich außerdem hervorragend als Garnitur auf belegten Brötchen, Schnittchen oder Kanapees.

Kerbel lässt sich gut über mehrere Tage frisch halten, wenn er in ein feuchtes Tuch eingeschlagen im Kühlhaus gelagert wird.

KAP-KNOBLAUCH

Der Kapknoblauch, auch Kaplilie genannt, ist ursprünglich
in Südafrika beheimatet. Die Pflanze ist allerdings mit
dem echten Knoblauch nur „weitläufig verwandt", weist aber
ein intensives Knoblauch- und Zwiebelaroma auf. Kleingehackt
passen die Blätter gut zu Dips, Salaten, Kräuterbutter oder auch
Tsatsiki. Generell wird das Kraut wie Schnittlauch verwendet.

Der Kap-Knoblauch eignet sich sehr gut als Küchenpflanze, er muss allerdings frostfrei überwintert
werden, bei einer Topfpflanzung ist dies jedoch gut möglich. Der Einsatzbereich ist überaus weitreichend:
vor allem auf rustikalen Vesperarrangements macht er sich bestens.

BLATTPETERSILIE ODER GLATTE PETERSILIE

Die sehr aromatische Petersilie hat, wie der Name schon sagt, glatte Blätter und
wird im Ganzen etwa 40 Zentimeter hoch. Im Gegensatz zu der verwandten
krausen Petersilie ist sie weniger bitter und im Geschmack dem Sellerie
sehr ähnlich. Sie wird bevorzugt roh, wahlweise nur kurz erhitzt verwendet.
Neben den traditionellen Verwendungsmöglichkeiten in Suppen und
warmen Speisen, eignet sie sich wunderbar als Garnitur von Salaten, belegten
Brötchen und eher rustikalen Plattenkompositionen.

PETERSILIE ODER KRAUSE PETERSILIE

Der große Unterschied zur glatten Petersilie ist lediglich die Form
der Blätter. Da die krause Petersilie allerdings eher zu den Standard-
kräutern gezählt wird, sollte der Einsatz hauptsächlich auf einfachere
Plattenkompositionen beschränkt bleiben. Durch die kräftige Ge-
schmacksrichtung ist die krause Petersilie darüber hinaus ausschließlich den Garnituren herzhafter Kompositionen vorbehalten.

Petersilie lässt sich über die übliche Saison hinaus sehr gut haltbar
machen. Das Kraut nach dem Waschen mit Hilfe einer Salatschleuder
trocken schleudern, fein hacken und anschließend einfrieren. So können
Sie über den gesamten Winter Salate oder Aufläufe einfach und kosten-
günstig verfeinern.

Küchenkräuter

LORBEER

Der echte Lorbeer ist ein immergrüner Baum, der sich über den Mittelmeerraum verbreitet hat. Sofern man den Winterschutz beachtet, gedeiht er auch in unseren Breitengraden hervorragend. Mit Lorbeer lassen sich vor allem rustikale Platten sehr gut garnieren. Auch zur Verfeinerung von Suppen oder warmen Fleischgerichten findet der Lorbeer häufig Einsatz. Man sollte jedoch von der Verwendung für Süßspeisen aufgrund des starken aromatischen Geschmacks absehen. Ebenfalls ungeeignet ist Lorbeer wegen seiner lederigen Blätter für den Einsatz als Garnitur von belegten Brötchen, Schnittchen und Kanapees.

KAPUZINERKRESSE

Kapuzinerkresse ist eine Zierpflanze mit essbaren Blättern, Blüten und Knospen. Die jungen Blätter der Kapuzinerkresse verleihen Salaten eine würzige Note. Damit sie sich aber nicht voll Öl saugen, sollten sie erst nach dem Anmachen zugegeben werden. Mit den Blüten können Suppen, Sülzen, kalte Platten sowie Fleisch- oder Fischplatten garniert werden. Wegen des starken Kressegeschmacks sollte man allerdings darauf verzichten, die Kapuzinerkresse für die Garnitur von Desserts oder Süßgetränken einzusetzen.

Es lohnt sich, diese wenig anspruchsvolle, aber attraktive Garnierpflanze im eigenen Garten anzubauen, da die schönen Blüten über Wochen hinweg einen preiswerten Blickfang auf allen Plattenkreationen darstellen.

SÜSSKRAUT

Süßkraut erhielt seinen Namen aufgrund seines ausgesprochen süßen Geschmacks, es hat einen aromatischen, leicht honigmelonen-ähnlichen Duft. Zerkaut man die Blätter, so erinnert das Geschmacksempfinden an Süßstoff. Deshalb sollte es auch ausschließlich für Desserts oder süße Dips verwendet werden.

ORCHIDEEN

Zu den essbaren Blüten zählen unter anderem auch die Orchideen. Geschmacklich sind diese Blüten zwar kein besonderer Gaumenschmaus, optisch sind sie allerdings eine Augenweide. Aufgrund des relativ hohen Preises sollten die Blüten jedoch aus wirtschaftlicher Sicht ausschließlich für anspruchsvolle und damit hochpreisige Plattenkompositionen oder Desserts Einsatz finden.

Da nicht alle Orchideenblüten essbar sind, empfehle ich ausnahmslos für den Verzehr gezüchtete Blüten zu verwenden. (Bezugsquelle: www.koppertcress.com)

PIMPERNELLE

Die Blätter der Pimpernelle werden frisch verwendet und weisen einen leicht gurkenartigen Geschmack auf. Sie zeichnen sich durch ihren hohen Vitamin C – Gehalt aus und eignen sich wunderbar für alle Garnituren bei denen Eier verwendet werden, z. B. für belegte Brötchen, Schnittchen und Kanapees. Auch Salaten, Suppen oder Aufläufen gibt dieses Kraut eine besondere Note.

Da die Pimpernelle in ihrer Haltung recht anspruchslos ist, gedeiht sie sehr gut in kleinen Töpfen auf der Fensterbank – um immer frische Kräuter zur Verfügung zu haben, lohnt es sich, eine größere Menge an derartig pflegeleichten Kräutern in Küchennähe anzupflanzen.

ROSEN

Rosen sind eine wunderbare Garniermöglichkeit, speziell für Desserts. Werden sie zuerst mit Eiweiß eingepinselt, dann in Zucker getaucht und anschließend im Backofen bei milder Hitze über mehrere Stunden „getrocknet", stellen sie ein äußerst elegantes Topping für entsprechend passende Süßspeisen dar. Sie sollten bei der Verwendung von Rosen oder deren Blättern unbedingt darauf achten, dass es sich um ungespritzte Blüten handelt.

ULRIKE GÖTZ-BERG

Nach ihrer Ausbildung zur Fleischereifachverkäuferin konnte Ulrike Götz-Berg schon frühzeitig „Wettbewerbsluft" schnuppern und es gelang ihr, im Laufe ihrer Karriere, zahlreiche wichtige Siege und Titel zu erringen.

Nach diversen Weiterbildungen ist sie nun als selbstständige Seminarleiterin und Jurorin auf internationalen Wettbewerben für den deutschen Fleschereiverband tätig. Außerdem arbeitet sie als Fachlehrerin an einigen Berufsschulen.

IMPRESSUM

ISBN 978-3-87515-029-2
Alle Rechte vorbehalten.

Nachdruck, auch auszugsweise, sowie Verbreitung durch Fernsehen, Film und Funk, durch Fotokopie, Tonträger oder Datenverarbeitungsanlagen jeder Art nur mit schriftlicher Genehmigung des Verlags gestattet.

© 2009 Matthaes Verlag GmbH, Stuttgart

Projektleitung: Julia Bauer, Matthaes Verlag, Stuttgart
Kreationen, Texte: Ulrike Götz-Berg, Ödheim
Fotografie: Axel Waldecker Fotografie
Camera Uno GmbH; Murr
Repro: Rothfuss Digitale Printmedien, Ludwigsburg
Gestaltung: solutioncube GmbH, Reutlingen

Printed in Germany

Ideen für Flying Buffets, Kreationen für grosse Empfänge und exklusives Fingerfood

FACHWISSEN, REZEPTE UND ANREGUNGEN

FINGERFOOD in seiner ganzen Vielfalt: Einfache und aufwändige Kreationen, Löffeldegustationen, Lollis, Suppen als Shots, Brotsticks, aber auch Weckgläser, Gabelgerichte und Desserts machen jeden Anlass zu einem besonderen Event.

DAS BÜFETT Das Themenspektrum „Kaltes Büfett" wird mit wertvollen Anregungen, Rezepten und praxisnahen Arbeitshilfen umfassend aufbereitet. Die Rezepturen reichen von Vorspeisen, Salaten und Suppen über Saucen, Garnituren, Kanapees und edlen Plattenkreationen bis hin zu Terrinen, Pasteten, Sülzen und Mousses.